最強の組織をつくる

野村メソッド

NOMURA'S METHOD

野村克也

Katsuya Nomura

彩図社

はじめに

2016年シーズンが始まる前、12球団の監督の顔ぶれを見て、いささか不安になった。というのも、セ・リーグ6球団のうち5人が外野手出身監督で、パ・リーグも日本ハムの栗山英樹が外野手出身。つまり12球団のうち半分が外野手出身監督だったからである。

しかも、セ・リーグもパ・リーグも、日本ハムと広島という外野手出身監督が指揮するチームが優勝した。これはプロ野球がセ・パ2リーグ制になって以降、初めての珍事である。珍事という皮肉を込めた表現をしたのは、私は以前から「外野手出身に名監督なし」と主張してきたからだ。その理由については本書を読んでいただくとして、要するに、私は外野手出身監督を信用していないのである。

実際のところ、日本ハム・栗山英樹、広島・緒方孝市の両監督の日本シリーズにおける采配には見るべきものはなかった。前進守備のセオリー無視、終盤の守備固めの怠り、バント守備の拙さ、サインの見落とし、走塁ミス、無駄な四球……。ミスが目立つ大味な試合内容で、どちらかと言えば、ミスが少ない日本ハムが勝ったわけである。

さらに、日本シリーズではキャッチャー対決の妙味、醍醐味を堪能させてほしいと願っていたが、日本ハムの大野奨大《しょうた》、市川友也、広島の石原慶幸、曾澤翼のリードに短期決戦ならではの創意工夫は感じられなかった。

残念ながら、近年のプロ野球の監督とキャッチャーの人材難は深刻だ。

今、12球団で名将、知将と呼べる監督はいるだろうか。侍ジャパンの正捕手にふさわしいキャッチャーはいるだろうか。私はどちらも名前を挙げることができない。

いやはや、のっけからボヤキの連発になってしまったが、日本ハム、広島のリーグ優勝については高く評価している点もある。

まず、両チームとも、資金力にものを言わせて選手をかき集めるのではなく、スカウティングと育成によってチームを強化してきた。

今シーズン、広島躍進の原動力となった若手野手はいずれもドラフト1位のエリートではない。田中広輔は3位、菊池涼介は2位、丸佳浩は3位、鈴木誠也は2位。いずれも打つだけでなく、守備力、走力にも優れ、素材の良さを感じさせる。

ピッチャー陣ではクローザーを務めた中崎翔太が6位である。

こうした無名だが、将来性や潜在能力の高い選手を発掘してくる目の確かさが広島スカウト陣の素晴らしいところである。選手を育成するノウハウもあるようだ。

この点は日本ハムも同様で、西川遥輝《はるき》、近藤健介、中島卓也ら若手野手はいずれもドラフト1

位ではない。やはり攻守走三拍子そろったプレーヤーばかりだ。日本ハムには大谷翔平や中田翔など指名重複や交渉困難が予想される選手にも、リスク覚悟で獲得しにいく思い切ったドラフト戦略もある。

今や球団の心臓部は編成部にあると言っていい。編成部がしっかり機能し、勝つための戦力を供給しているという点で両チームとも高く評価したい。

もう一つ、両チームには求心力のある中心選手がいた。

広島の場合はエースの黒田博樹だ。メジャー球団からの20億円オファーを蹴って古巣に戻った〝男気〟もさることながら、メジャーで得た経験を現役選手のままチームに持ち帰ったことに意味がある。練習法、配球、球種、マウンドでの態度など、後輩は彼に学ぶことが多かったのではないか。その存在の大きさは後輩たちの精神的な支柱となったはずだ。

日本ハムの場合は大谷翔平である。規格外の二刀流で話題をさらい、今やプロ野球ファンでなくてもその名を知られる。イチロー、松井秀喜以来のスーパースターだ。優勝を決めた大一番、クライマックスシリーズでの快投などを見ると、自分がチームを牽引するのだという自覚も芽生えてきた。大谷が投げて、打つ姿を見るファンが球場に集まれば集まるほど、他の選手にも好影響を与える。プロ野球は人気商売だ。見られることで選手は成長していく。

もとより「中心なき組織は機能しない」というのは私の持論の一つであり、黒田、大谷はまさにそれを証明してくれた。

さて、前置きが長くなったが、何を言いたかったかと言えば、組織が強くなるには強くなるだけの明確な理由があるということだ。優勝するチームには優勝に至った要因があり、優勝を逃したチームには優勝に至らなかった厳然とした要因がある。

そこを検証し、見極め、次につなげることができなければ常勝軍団となることはまず不可能だ。優れた選手を揃え、勢いだけで優勝することはあっても、Ａクラスの常連となり、何度もリーグ優勝や日本一を達成するようなチームをつくることはできない。

野球ではしばしばチームを称して「戦う集団」という表現が使われる。しかし、戦うために人が集まっただけでは少しも強くはならない。チームは「戦う組織」となって初めて強くなったと言えるのだ。

組織という言葉を辞書で調べると、「特定の目的を達成するために、諸個人および諸集団に専門分化された役割を与え、その活動を統合・調整する仕組み」とある。

いささか理屈っぽい説明だが、私は、ただの人の集まりでしかない集団に対して、組織とは同じ目的を共有し、それを実現するために確かな指揮命令系統の下、自分の役割を認識した者同士が協力し、コミュニケーションが円滑に行われる有機体だと考えている。

その意味では野球とビジネスはよく似ているのかもしれない。

評論家時代、私は数多くの企業で講演を行った。もちろん私はビジネスの専門的なことなど何もわからないから、野球で知り得た知識や経験を話すしかなかった。それでも多くのビジネス人に「面白い」「仕事の現場でも応用できることがたくさんある」「人間関係にも生かせそうだ」と評価していただいた。

私自身もこの時期に野球関係者以外の方と話すことで多くを学んだ。一見、野球に関係ないビジネス書から中国の古典までさまざまな本も読んだ。実は、それがヤクルトの監督に就任してから大いに役立った。組織づくりのヒントはいたるところにあり、私の9年間の評論家生活は、いかにすれば強い組織をつくることができるかを学んだ時期でもあった。

監督になってからも、強い組織をつくるために試行錯誤し、無い知恵を絞って、懸命に考え続けた。組織づくりと人づくりは私自身の生涯のテーマでもある。

本書は私なりに60年を越える野球生活の中でつかんだ、組織のつくり方、人のつくり方の極意である。あえて記憶に残りやすい言葉で構成した野球人・野村克也のエキスでもあるのだが、名言、箴言《しんげん》などと固く考えず、私のボヤキだと思って読んでいただいても構わない。

「言霊」などと言われるように、言葉には不思議な力がある。ボヤキだとしても、その言葉が耳に残れば、案外、人の行動は左右されるものだ。私の言葉を手掛かりに、ビジネスやスポーツにおける組織と人のあり方について考えていただけたら、これ以上嬉しいことはない。

最強の組織をつくる
野村メソッド
目次

はじめに……2

【第一章】最強の組織のつくり方——13

01 畑を耕し、種を撒き、花が咲くのは3年目。14／02 感謝の心が組織を成長させる。16／03 中心なき組織は機能しない。18／04 適材適所が組織力を左右する。20／05 派閥が組織を崩壊させる。22／06 ゴールとはスタートラインである。24／07「一」を大事にせよ。26／08 感性が組織に命を吹き込む。28／09 新しい血の導入が組織を変革する。30／10 ベテランをうまく使いこなせ。32／11 勝負は「戦力」「士気」「変化」「心理」の4要素で決まる。34／12 敵のリーダーを狙い撃て。36／13 仲良し集団では、組織は弱体化する。38／14 コストカットは組織を萎縮させる。40／15 長嶋やイチローは天才だ。天才でないなら、データで活路を開け。42／16 データが選手を説得する。44／17「理非曲直」をつねに考えよ。46／18 感動できるデータを探せ。48／19 データには心理を盛り込め。50／20 データがひらめきやカンの精度を上げる。52／21 理不尽な現場介入を許すな。54

【第二章】

いかに意識を変革するか？――57

22心が変われば、人生が変わる。58／23「人生とは？」と自分自身に問うてみよ。60／24働くとは「ハタ」を「ラク」にすること。62／25未熟な考えでは、未熟な生き方しかできない。64／26弱者が強者を倒すために、本質を理解せよ。66／27「偉大なる常識」を周知徹底せよ。68／28全員が主役になれるわけではない。なる必要もない。70／29自分のために組織はあるのか、組織のために自分があるのか。72／30「礼」と「義」と「恥」の意識を教え込め。74／31ユニフォームには金をかけろ。76／32規律なきところに真の実力は育たない。78／33姿の乱れは、心の乱れ。80／34悩み、苦しむことを楽しめ。82／35ミーティングに勝負をかけろ。84／36精神論から学ぶものはない。86／37恐怖で支配しても長続きしない。88／38結果ではなく、プロセスを重視せよ。90／39「満足」、「妥協」、「自己限定」は禁句である。92／40言い訳は進歩の敵。94／41基本は繰り返すことに意味がある。96

【第三章】勝てるリーダーの条件 —— 99

42 組織はリーダーの力量以上には成長しない。100
43 手を抜くな。見るべき人が必ずどこかで見ている。102
44 ポジションが人をつくる。104
45 投手出身、外野手出身に名監督なし。106
46 名コーチ、必ずしも名監督ならず。108
47 肩書は人と人の距離を変える。110
48 信は万物の基を成す。112
49 分を知って、分に生きる。114
50 「和して動せず」を貫け。116
51 聞く力を磨け。118
52 損をしたくないと思うと、損をする。120
53 感情に走ると勝利はこぼれ落ちる。122
54 地球は縁で回っている。124
55 リーダーは深沈厚重であれ。126
56 誠実であれ、謙虚であれ、紳士であれ。128
57 縁起をかつぐのも悪くない。130
58 「責任は俺が持つ」の決め台詞を言えるか。132
59 腹心の部下は人柄と志の高さで選べ。134
60 危機管理を怠らないためには、ネガティブ思考であれ。136
61 感動させる言葉を持て。138

【第四章】指導者の仕事と役割 141

62 勝ちに不思議の勝ちあり、負けに不思議の負けなし。142
63 判断は頭で、決断は腹でする。144
64 固定観念や好き嫌いを捨て、公平に判断せよ。146
65 ときには非情でなければならない。148
66 有事には不真面目な優等生が頼りになる。150
67 不満を理想の実現へと導け。152
68 予備知識は重いほどいい。先入観は軽いほどいい。154
69 奇襲は「やるぞ」と見せかけるだけでいい。156
70 魔術にはタネがある。158
71 リーダーは背中で語れ。160
72 リーダーは3人の友を持て。162
73 人を見て法を説け。164
74 学ぶために働く。働くために学ぶ。166
75 目の前で書くから伝わる。168
76 今は嫌われても、いつか感謝されるほうを選べ。170
77 教えないのが名コーチ。172
78 「育てる」のではなく、「育っていく」174
79 人生は評価に始まり、評価に終わる。176
80 財を遺すは下、仕事を遺すは中、人を遺すは上なり。178

【第五章】人材育成の極意

人材育成の極意 181

81 人は叱ってこそ育つ。 182／82 結果論で叱ってはならない。 184／83 人は「無視・称賛・非難」という段階で試される。 186／84 不器用は天才に勝る。 188／85 短所を克服しなければ、長所は宝の持ち腐れ。 190／86 トップのひと言が自信を育てる。 192／87「失敗」と書いて「せいちょう（成長）」と読む。 194／88「火事場の馬鹿力」を引き出せ。 196／89 再生の極意は何か。愛である。 198／90 配置転換で眠っていた才能を目覚めさせる。 200／91 迷ったら、困難なほうを選べ。 202／92 欲から入って、欲から離れる。 204／93 小事が大事を生む。 206／94 人を動かすには「論理」「利害」「感情」の3原則がある。 208／95 人間の最大の罪は鈍感である。 210／96 5年で獲れなければ、タイトル獲得は難しい。 212／97 弘法も筆を選ぶ。 214／98 もっと女を口説け。 216／99 奥さんの力は侮れない。 218／100 変わることは進歩である。 220／

おわりに …… 222

【第一章】

最強の組織のつくり方

NOMURA'S METHOD

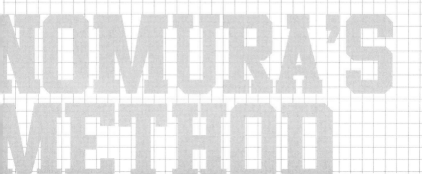

NOMURA'S METHOD

畑を耕し、種を撒き、花が咲くのは3年目。

No.001

私は縁があって弱いチームの監督ばかり引き受けてきた。前年にAクラスだったチームの監督に就任したことは一度もない。ヤクルトも前任者の関根潤三さんから4位でバトンを引き継ぐことになった。監督就任にあたり、私は相馬和夫球団社長にこんなことを言った。

「私は3年をチームづくりの目安と考えています。1年目はまず畑を耕さなければなりません。2年目にいい種を撒いて、それを育てます。花が咲くのは早くて3年後。それくらい気長に待っていただけるでしょうか?」

相馬社長は当然だという顔で言った。

「私は野球の素人だけど、監督を変えたからといってうちのような弱いチームが急に優勝できるとは思っていません。じっくり選手を育て、教育してください。野村さんのやり方でチームを強くしてくれればいいのです」

実は、ヤクルトは球団創設以来、ファミリー主義を貫いており、外部からの監督招聘を好まない傾向があった。1978年にヤクルトを初優勝に導いた広岡達朗監督が翌年辞任に追い込まれたのもフロントとのいざこざがあったからだと伝え聞いている。外様が歓迎されない風土があるのだ。私の監督就任に対しても当然、反対の声はあっただろう。しかし相馬社長は「うまくいかなかったら、私が責任をとって辞めますから」と気骨あふれる態度だった。

こうして監督に就任した1年目は前年より一つ順位を下げて5位。相馬社長は本社の役員から「前と何も変わっていないじゃないか」と総攻撃をくらったらしい。しかし、2年目に3位になり、3年目にリーグ優勝、4年目に日本一を果たした。

リーグ優勝が決まった夜、「野村さん、ありがとう」と、涙をこぼさんばかりに喜んで握手を求めてきた相馬社長の顔が忘れられない。今さらながらいい球団で仕事ができたと思う。

それにしても最近つくづく思うのは、監督の在任期間の短さである。3年契約が一応の基準にはなっているようだが、実際には結果が出なければ1年で解任というケースも少なくない。球団側に監督を信頼し、チームが花を咲かすまで待つ余裕がないのだ。

監督の立場からすれば、結果が出なければ即クビなのだから、どうしても勝つことを優先せざるを得ない。勝つためには選手を育てるより、有力選手をトレードやFAで補強するほうが手っ取り早い。しかも監督が自己保身に精一杯で、中心選手を甘やかしてしまうケースも多いようだ。これでは本当に強いチームができるはずがない。

NOMURA'S METHOD

感謝の心が組織を成長させる。

No.002

「人間的成長なくして技術的進歩なし」という教えを徹底的に実践したのは巨人の川上哲治監督である。

私は川上さんが率いる巨人がなぜあれほど強いのか、なぜ9連覇もできたのか、興味津々だった。それで懇意にしていた森祇晶《もりまさあき》に「川上さんはミーティングでどんな話をするのか」と聞いたことがある。もちろん、森がV9巨人の正捕手だった頃だ。

森の話によると、技術指導はほとんどコーチに任せきりなのだという。代わりに力を入れていたのが人間教育だったそうだ。ONのようなスーパースターであっても特別扱いすることなく、川上さんの教えを厳しく叩き込んだらしい。

川上さんが重要視したものの一つが「感謝の心」である。

たとえば、トイレを出るときはスリッパをきちんと揃えるようにと口やかましく言った。これは後に入る人のことを考えろという意味で、人の立場に立ってものを見ることや、相互信頼の上に成り立つチームプレーにもつながっていく。つまり正しい躾がプレーの質の向上につながるということである。

プロ野球の世界に入ってくる選手は少年時代からエリートで、結果さえ出せば少々のわがままは通ってきた。自分ひとりの力で生きてきたと勘違いしているタイプばかりだ。

しかし、少し頭を使えばわかることだが、誰しもさまざまな人に助けられて今がある。

野球というスポーツもそうだ。満塁ホームランを打って4打点挙げたとしても、それは他の選手がヒットを打ったり、四球を選んで塁に出てくれたりしたおかげで記録できたものである。

ピッチャーが完封試合をした場合も、そこにはキャッチャーの巧みなリードがあり、野手のファインプレーや堅実な守備がある。自分ひとりでできるわけではない。

もっと言えば、バッターの練習にはバッティングピッチャーが、ピッチャーの練習にはボールを受けてくれるブルペンキャッチャーが欠かせない。ボールを揃えてくれる用具係やグランド整備の担当者など裏方さんも多数いる。アマチュア時代に指導してくれた監督、さらに自分を産み、育ててくれた両親……。自分ひとりの力で生きてきたなどというのは思い上がりもいいところだ。

感謝の心があれば、自分が犠牲になってもチームに貢献しようと自然と考えられる。私の監督経験から振り返っても、そうした選手ほど成長し、一流の域へ到達するケースが多かった。

NOMURA'S METHOD

中心なき組織は機能しない。

No.003

組織が機能するかしないかは中心的役割を果たす人間の意識と行動に大きく左右される。いや、チームが円滑に機能するか、破たんするかは中心にいる人間にかかっていると言っても過言ではない。だから「中心なき組織は機能しない」は組織論の大原則である。

プロ野球チームの中心と言えば、エースか4番打者であるケースが多いが、ただホームランを40本打てばいい、ただ20勝すればいいというわけではない。チームの「鑑《かがみ》」にならなければならない。成績に加えて、野球への取り組みはもちろん、日頃の態度、自己管理など、あらゆる点においてチームの手本となって初めて中心選手と言える。

監督の立場からしてもチームの中心に率先垂範《そっせんすいはん》してくれるタイプがいると、実にやりやすい。こと細かに説明しなくても、「彼を見習え」のひと言ですむからだ。

その意味で、私が組織における理想の中心選手と考えるのは、V9時代のON、すなわち王貞治と長嶋茂雄である。

王というと、ぶら下がった紙を真剣で切る練習法が有名だが、私は間近で見せてもらい、その殺気に圧倒されたことがある。通常の素振りも鬼気迫るものがあった。私も日々素振りを欠かさなかったが、王のそれと比べればレベルが違った。

天才と言われ、努力とは無縁に見える長嶋も陰では血を吐くような練習をしていたという。しかも2人ともグラウンドでの練習量もチーム一番。彼らぐらいのスーパースターとなると、自分なりの調整法で済ましてもおかしくないのだが、周囲が「そこまでやらなくても……」と思うほどの練習を自らに課した。

少しのケガで休むこともなかったし、オープン戦であっても全試合に出場した。ファンのためにも、チームのためにもそれが自分たちの使命であると考えたのだ。

巨人から南海にトレードでやってきた選手からもONの話はよく聞かされた。

「試合でも練習でもまったく手抜きがありません。だから、僕たちもONがあれだけやるんだから、自分はもっと頑張らないとうまくならないと自然に思うわけです」

あの頃の巨人がなぜ強かったか、その理由がわかるエピソードである。

そして、ONを中心に置きながらも、ONを決して特別扱いしなかった川上さんの指導の素晴らしさを思わないわけにはいかない。

NOMURA'S METHOD

No.004

適材適所が組織力を左右する。

不思議なもので、組織は優秀な才能を持った人間を集めたから強くなるわけではない。野球チームという組織がまさにそうで、その悪しき例がかつての巨人だった。トレードやFAで他球団から4番を打った経験のあるスラッガーをごっそりかき集めながら、必ずしもそれが優勝にはつながらなかった。

たとえば、2004年の巨人打線である。清原和博（元西武）、ロベルト・ペタジーニ（元ヤクルト）、小久保裕紀（元ダイエー）、タフィ・ローズ（元近鉄）に加え、生え抜きの高橋由伸、阿部慎之助が並ぶ豪華打線はチーム本塁打259本というプロ野球新記録を樹立した。しかし、結果は3位に終わった。

打線とはよく言ったもので、強打者が揃っていなくても、ちゃんと一本の線としてつながっているほうが、相手チームにとっては気が抜けず、よほどやっかいだ。

ただ、強打者を揃えただけのオーダーは「打線」ではなく、「点の集合体」でしかない。戦っていても意外に怖くない。

考えてほしいのは、どんな強打者、好打者もよく打って打率は3割ほどだという事実である。残りの7割は凡打に終わっているのだ。その凡打をいかに得点にからめられるかに野球というスポーツの本質がある。

野球には9つのポジションがあり、1番から9番までの打順がある。それぞれ果たすべき役割と仕事の内容は異なる。当然、適性も違う。適所に適材を配置することこそ強い組織づくりの要諦であり、それを無視して、似たようなタイプばかり集めても組織は強くはならない。

プロ野球の歴史で、理想的な適材適所を実現したのはV9時代の巨人だ。

1番に俊足で出塁率の高い柴田勲《いさお》、2番に堅実な守備とバントなどの小技が得意な土井正三、3、4番にONをはさみ、5番に勝負強い末次利光、6番以降にも意外性やしぶとさで投手をてこずらせる高田繁、黒江透修《くろえゆきのぶ》、森祇晶と続く打線は、適材適所のお手本である。

おそらくV9打線は、自分がしっかり役割を果たせば、次のバッターがそれを生かしてくれるという気持ちの面でのつながりもあったはずだ。私が目指したのもそんな打線である。

人は誰でもなんらかの才能や資質をもっている。それを生かす場所が一人ひとりに与えられれば、組織には大きな力が生まれる。

NOMURA'S METHOD

派閥が組織を崩壊させる。

No.005

昔から人が3人集まれば派閥ができると言われる。政党などを見ても派閥は歴然と存在し、思想が異なる派閥どうしが切磋琢磨することで政策集団としての活力も生まれるらしい。

しかし、プロ野球チームに関して言えば、派閥は弊害でしかないというのが私の考えだ。とくに派閥形成に監督自ら関与するというのが一番よくない。

私自身、南海時代に派閥というものの実態を嫌というほど経験させられた。

ある年の正月、鶴岡一人《かずと》監督の家に新年の挨拶に行った。玄関には男物の大きな靴がたくさん並び、部屋の奥からはチームメイトの賑やかな声が聴こえてきた。私は奥から出てきた鶴岡監督に「あけましておめでとうございます」と挨拶したのだが、鶴岡さんは「おお、ご苦労さん」と言うだけで「上がっていけ」とも言わない。空気を察した私は早々においとました。しかし後味は悪かった。「ああ、これが派閥なのか」と思った。

考えてみれば、私は他のレギュラー選手のように監督に酒や食事に誘われたことは一度もなかった。なぜか、嫌われ、疎まれたのである。鶴岡監督は自分が六大学出身ということもあって、大卒の、それも自分に恭順を示す選手を可愛がる傾向が強かった。対する私は高卒の田舎者。性格は暗く、仲間とワイワイやるタイプではない。

誰だって監督には好かれたいし、認められたい。だからこそ監督は特定の選手をかわいがったり、そうした選手を中心に派閥をつくってはならないのだ。幸いにして私は反発心が強く、「派閥などくそくらえ」という気持ちで野球に集中した。しかし、派閥にも加われず、監督に見向きもされず、野球へのモチベーションが下がった選手は少なくない。

その後、私は川勝傳《かわかつでん》オーナーのたっての希望で南海の監督に就任した。鶴岡一派の選手に足を引っ張られたこともある。それでもリーグ優勝を含め結果は残した。私が退任した後、鶴岡派の3人が次々に監督を務めたが、11年間Aクラスに入れず、とうとう球団は身売りした。

派閥という点に関しては、鶴岡監督は私の反面教師である。監督になってからの私はグラウンド以外で、選手やコーチと付き合わない主義を最後まで貫いた。選手に何か言いたいことがあれば、監督室に呼べばいいのだ。

ところで、読者の中に派閥に入れず孤独な思いをしている方がいたら、そんなものは一時の気苦労だと思ってほしい。派閥に属して安心しているような人間はもともと心が弱いのだ。自分が正しいと信じる道を堂々と進みなさい。

NOMURA'S METHOD

No.006

ゴールとはスタートラインである。

監督として24年間、プロ野球に奉公したが、その間にリーグ優勝を5度、日本シリーズ制覇を3度果たすことができた。鶴岡一人さん、三原修さん、水原茂さん、川上哲治さんといった名監督の足元にも及ばない成績だが、万年Bクラスだったチームばかりを任されたにしては、まあ、よくやったほうではないかと思う。

ただ、一つだけ心残りがある。

それは連覇が一度もないことだ。ヤクルト監督時代の1992年、1993年と2年連続でリーグ優勝を遂げたことがあるが、連続日本一はとうとう経験することができなかった。それどころか、1993年、1995年、1997年と3度日本一になりながら、翌年はいずれも4位に終わったのだから、なんとも情けない。

一度優勝すると、選手だけでなく、監督も気持ちが緩んでしまうのだ。私のように弱いチームを率いていると、日本一になっただけで安堵し、しばらくその余韻に浸ってしまう。選手も日本一になると、自分たちは強いのだと錯覚してしまうようだ。そこに心の隙が生まれる。そんな指導しかできないようではダメだとわかっているのだが、やはり、日本一の翌年は気の緩みを払拭するまでには至らなかった。

だから、川上さんの9連覇には頭が下がる。周囲からは「あれだけの戦力があったら、誰が監督をやっても勝てる」と言われたものだが、2年、3年ならともかく、9年連続日本一は川上さんだから、できたのだと思う。

前にも述べたように、それだけの人間教育ができていたのだろう。チームというのは勝てば勝つほど、好結果が出れば出るほど、そこに所属する選手は天狗になり、傲慢になっていくものだ。ひと言注意すれば、「そんなことはわかってますよ」といった態度で、嫌な顔をする。それでも厳しい苦言を呈することができるか。それができなければ、組織はマンネリ化し、停滞する。だから、選手が成長し、好成績を残したときほど、監督には厳しい苦言を呈す勇気が求められる。

「良薬口に苦し」とはよく言ったものだ。

おそらく、川上さんは日本一という事実を早々に捨て去ることができたのだろう。リーグ優勝し、日本一になっても、それを達成した瞬間には過去のことである。すでに次の戦いが始まっているいると認識しなければならない。日本一に浮かれている暇などない。日本一というゴールでさえスタートラインに過ぎないのだ。

NOMURA'S METHOD

「二」を大事にせよ。

No.007

「一」とは始まりであり、基本であり、本質である。大げさにいうなら「一」の哲学だろうか。私は常に「一」を大事にしてきた。

わかりやすいのがバッティングである。バッティングは本来、一を膝として、二（腰）、三（肩）、四（腕）、五（手首）の順序で行うのが正しい。しかし、ダメな打者は「一」と「二」を省略して、「三、四、五」で打っている。ひどい場合は「四」、つまり腕が最初にくる選手もいる。

では、どうすれば、正しい打ち方ができるのか。

簡単である。「一」の膝だけを意識すればいい。それがちゃんとできれば、「二、三、四、五」と自然に体は連動していく。

「一」が重要なのはピッチングも同じだ。最も難しいのは一球目である。なぜなら、バッターが何の反応も見せていないからだ。狙いも意図もわからない。だから、キャッチャーは一球目に何を投げさせるか、その根拠を見いだすのが難しい。

バッターからすれば、これはチャンスである。いいピッチャーであっても意外なほど無防備な棒球を投げてくる。その絶好球を簡単に見逃して、ストライクを与えてしまうバッターが思いのほか多い。もったいないとしか言いようがない。

だから、ただ漠然とプレーするのではなく、つねに「一」を意識する。たとえば「一打席目の第一球」「第一ストライク」「守備における第一歩」と認識するだけで、野球への取り組み方もかなり変わってくるはずだ。

もちろん、監督も「一」を意識しなければならない。ペナントレースの開幕第一戦、一勝、一番……「一」にこだわるのは選手と同じだ。

『老子』にこんな言葉が出てくる。

「天は一を得て以って清く、地は一を得て以って寧《やす》く」

正確な意味を把握しているわけではないが、「一」を重視する私は「天は一の原理を得たから清浄であり、地は一の原理を得たので安定している」と解釈している。

日本語にも「一生懸命」「一意専心」「一期一会」「一途」「一心」「一路」「一筋」「一徹」など「一」が付く素晴らしい言葉は多い。野球に限らず、組織も人も「一」を大事にするのは間違っていないと思う。

NOMURA'S METHOD

感性が組織に命を吹き込む。

No.
008

キャッチャーの重要な仕事の一つは、バッターを観察することである。ボールの見逃し方、空振りの仕方一つで、そのバッターがどんな球種、どんなコースに狙いをつけているか、などさまざまなことを観察できる。

それはバッターも同じだ。たとえば、1回表、先頭バッターとして打席に立った選手が何を考え、何を感じるかはチームにとって非常に重要だ。相手ピッチャーの調子、配球パターン、相手チームの士気、その日の審判のクセなど、監督としては偵察してほしいことは山ほどある。そのバッターの感性が豊かか乏しいかで、チームにもたらすものには雲泥の差がある。

プロなら1球見逃しただけで何か感じるものは必ずあるはずだ。空振りでもすれば、もっと感じることがある。「コンチクショウ、次は打つぞ」と反骨心を持つのもいい。冷静に相手ピッチャーの調子やボールのキレを判断するのもいい。なぜ、タイミングが合わず空振りしたのかを即座に分析する必要もある。仮に凡打に終わっても、その打席で感じたことを次の打者に伝えるのもバッターの役目だ。

ピッチャーも同じである。相手打線の調子、個々の選手の調子や狙い球を早くつかめるかどうかは感性にかかわってくる。一流の投手には必ずそれが備わっている。

もう一つ、ミスをしたときにも感性が問われる。

人間がやるスポーツである以上、ミスもエラーもつきものである。だから、野手がエラーしても、ピッチャーも他のチームメイトも「しかたがない、おたがいさまだ」と思う。ただし、そう思えるのは、エラーした当人がマウンドに駆け寄って「悪かったな」とひと言詫びたり、帽子を触るなどして謝罪のジェスチャーをするからだ。エラーをされたピッチャーの立場を思う感性があれば、そういう仕草は自然に出るはずである。

ところが、詫びるどころか、怒ったような顔で横を向く選手がいる。野球はチームプレーで成り立っているから、そういう選手が1人いるだけで、チームの雰囲気は悪くなる。

私は「節度を持て。他人の痛みを知れ」と選手たちに言ってきたが、エラーされたピッチャーの痛みがわからない感性の乏しさはその選手の生き方そのものでもある。

私は感性こそが野球というスポーツの出発点だと考える。感性豊かな選手がいるチームは成長し、強くなる。感性が組織に命を吹き込むのだ。

NOMURA'S METHOD

No.009

新しい血の導入が組織を変革する。

南海の正捕手として4番を打っていた1970年の秋、私は川勝傳オーナーに呼ばれ、いきなり切り出された。

「野村君にうちのチームの監督をお願いしたい」

もちろん、私は断った。まだ35歳、バリバリの現役である。レギュラー捕手として投手陣を支えている自負もあったし、4番打者として毎年打撃タイトル争いにも加わっていた。現役生活はまだまだこれからだと思っていた。

「私に監督をやれということは、選手を引退しろということですか」

そう聞くと、川勝オーナーからは意外な答えが返ってきた。

「いや、両方やってほしい。選手としての野村もチームに必要だし、監督としてチームを再建できるのも君しかいない」

熟慮の末、選手兼任監督を拝命したが、一つだけ条件をつけさせていただいた。それはドン・

ブラッシンゲーム（通称ブレイザー）をヘッドコーチとして迎え入れることだった。

ブレイザーは1967年に南海にやってきた元メジャーリーガー。日本にいた3年間で3割を打ったことは一度もなかったが、献身的なバッティングと堅実な守備でチームに貢献した。そして何より野球に対する知識と情熱には私も舌を巻いた。彼の話を聞き出したくて、何度も一緒に食事をし、ずうずうしく彼の家にまでおしかけたこともある。

ブレイザーは私のコーチ依頼を喜んで承諾し、「野球とは頭のスポーツである」との信念の下、目から鱗が落ちるような野球知識を選手たちに授けてくれた。

「守備位置は打者の傾向や投手の球種・コースに応じて変えよ」「バントはサードとファーストの守備能力を考えて転がす方向を決めよ」「ヒットエンドランのサインが出たら、一塁走者はスタートを切るふりをし、セカンドとショートのどちらがベースカバーに入るか確認せよ」……。

どれも今では当たり前の野球のセオリーだが、当時の日本のプロ野球はそんなことさえ考えていなかったのだ。

南海のフロント陣は外国人コーチだというので選手との意思疎通を心配したが、ちゃんと野球を理解している通訳さえいれば何の問題もない。ブレイザーの「シンキング・ベースボール」が浸透したこともあり、南海は3年後にはリーグ優勝も果たした。チームを思い切って変革したければ、外部から優秀な血を導入することに臆病になってはならない。

NOMURA'S METHOD

ベテランをうまく使いこなせ。

No. 010

半年間に及ぶ長いペナントレースを勝ち抜き、優勝するためには次に挙げる6つの条件があると私は考えている。

①「接戦をものにする」

とくに試合終盤で接戦になった場合、二線級のピッチャーはまず登板してこない。つまり、起死回生のホームランや連打を期待しても、その確率は低い。守りのミスをなくし、俊足の選手による局面打開が有効だ。監督の精神力も問われる。監督がバタバタ動いて1点差のゲームを失うことは少なくない。

②「お得意さんのチームをつくる」

誰でもわかることだ。仮に4球団とはイーブンの成績でも、残りの1球団相手に貯金が10以上あれば確実に優勝戦線に加われる。

③「先発ピッチャーの崩れた試合をものにする」

「先発には最低でも5回まで」という当初のプランが崩れたとき、その修正能力をいかに発揮できるか。ストッパー、セットアッパー以外に信頼できる中継ぎが最低3人はほしい。

④「連敗を最小限に食い止める」

絶対的なエースがいれば、同一カードで3連敗しても次のカードの3連敗はない。エースを含めチームに二ケタ投手が3人揃っているようなシーズンは連敗も少ない。

⑤「データの収集と活用」

今やプロ野球チームはデータなしでは戦えない時代である。

⑥「ベテランをうまく使いこなす」

実は、これが意外に難しい。6つ列挙した条件のうち、監督の手腕が試されるのは①と③だが、⑥も非常に重要である。

生え抜きのベテラン選手はその組織に愛着を持っており、彼らを冷遇することで組織内に不協和音が生まれることは少なくない。そうして崩壊したチームを私はいくつも見てきた。

とくにベンチにいるベテラン選手だ。野球というスポーツは一度に9人しかグラウンドには立てない。ベンチにいる選手に「今年はもうダメだ」と戦意喪失されるのが一番困る。ベテランほど先が読めるだけに、ここは十分気を遣わなければならない。ベテランのモチベーションが高く、つねに自軍を鼓舞しているようなチームは間違いなく強い。

NOMURA'S METHOD

No.011

勝負は「戦力」「士気」「変化」「心理」の4要素で決まる。

私は勝負を決める要素は4つあると考えている。

それは、①「戦力」、②「士気」、③「変化」、④「心理」だ。

①については言うまでもない。優れた選手が多くいるチームが強いのは当たり前だ。

②はチームの空気、ムードのこと。士気が上がり、チームのムードがよくなれば、選手は能力以上の力を発揮するものである。それまで弱かったチームが勢いという上昇気流に乗って、そのまま突っ走ってしまうことは、ままあることだ。

③は麻雀などの勝負事をする人はよくわかっているだろう。麻雀が一打ごとに状況が変化するように、野球の試合も1球ごとに変化していく。そのような小さな変化が積み重なって、一つの大きな流れが生まれるのだが、「こっちに流れがきている」と感じるときもあれば、逆に「悪い流れだな」と思うこともある。

そうした変化に敏感になり、いい流れを引き寄せる、あるいは嫌な流れを断ち切ることができなければ、勝てる勝負もみすみす落とすことになってしまう。
④は選手やベンチの心理状態。野球が人間のやるものである以上、心理状態はプレーに大きく影響する。相手を心理的にゆさぶれば勝利の可能性は高くなる。
1995年の日本シリーズで私が仕掛けたのもまさに「心理」戦だった。

ヤクルトがオリックスに勝つためには首位打者、打点王、盗塁王のイチローを封じることは不可欠だった。ところが、イチローのデータを収集させ、弱点を分析させたのだが、まったく攻略法が見つからない。スコアラーは「お手上げです」と言う。

そこで私はテレビや新聞などの取材の際に、繰り返しこう発言した。

「イチローの唯一の弱点は内角。だから、うちのピッチャーには危険を承知の上で、思い切って内角を攻めさせます」

しかし、実際にシリーズが始まると、外角中心の攻めを徹底した。私の口撃で内角を意識させておいて、その逆をついたのである。イチローが内角を意識していたのは右肩が早く開き気味だったのを見ても明らかだった。1、2戦は7打数1安打と目論見通りイチローを封じ、シリーズ全体を通しても19打数4安打、1打点と抑え込んだ。

わがヤクルトは心理戦に勝つことでオリックスを4勝1敗で下したのである。

NOMURA'S METHOD

敵のリーダーを狙い撃て。

No. 012

強い敵と戦うときには、まずリーダーを狙うというのが鉄則である。

試合でどんな作戦を立てる傾向にあるのか。チームの中でどのようなリーダーシップをとっているのか。ふだん、選手たちにどんな話をしているのか。そんなことをあらゆる情報網を使って集めるのだ。そうした情報を分析することによって、こちらの戦い方が見えてくることもあれば、この監督には負けられないという気持ちになることもある。

つまり、戦いというのは騙し合いという一面があるのだ。だから、さまざまな策略を練ることになる。その策略には「増長の策」「敬遠の策」「挑発の策」の三つがある。

まず「増長の策」とは、いわゆるほめ殺しである。

とにかく、ほめて、ほめて、ほめまくる。人間誰しもほめられれば嫌な気はしない。しかし、そこで増長してしまうと、心にスキができる。

「敬遠の策」は相手の実力を認め、あえて闘志をかきたてないようにすることだ。

これとまったく逆のことをやって失敗したのが、1989年の日本シリーズにおける近鉄の加藤哲郎である。巨人相手に3連勝した試合後のインタビューで、加藤はこの年パ・リーグの最下位だったロッテを引き合いに出して「巨人はロッテより弱い」と言ってしまったのだ。おかげで眠っていた巨人を起こし、近鉄は4連敗した。

さて、3番目の「挑発の策」は私がしばしば用いた策略である。こう言えば、もうお気づきだろう。私がヤクルトの監督に就任して以来、最も挑発したのが巨人のリーダー、長嶋茂雄である。私は新聞やテレビなどのマスコミを使って長嶋を散々挑発した。

「長嶋カンピュータにID野球が負けるわけにはいかない」

「今日は相手の采配で勝たせてもらった」

こうしたコメントは必ず長嶋に伝わる。もちろん、これは計算のうえで、長嶋はヤクルト戦を必要以上に意識してくれた。顔を合わせても挨拶もなければ、口もきかない。そうした態度から「ああ、こっちのペースになったな」と思ったものだ。これだけが理由ではないが、おかげで巨大戦力を誇った長嶋巨人とは6シーズン戦い、77勝81敗とほぼ互角の勝負ができた。

挑発効果はそれだけではなかった。私の言葉がスポーツ紙で大きく取り上げられることにより、ファンが沸き、球場も盛り上がった。私の長嶋口撃はプロ野球の人気向上にも貢献したと思っている。

NOMURA'S METHOD

仲良し集団では、組織は弱体化する。

No.
013

野球の実力世界一を決めるワールド・ベースボール・クラシック（WBC）も2017年で4回目となる。日本は過去3回のうち2度世界一に輝いているが、勝てそうで勝てなかったのがオリンピックの野球競技だ。正式種目となった1992年のバルセロナ五輪から2008年の北京五輪まで、5大会で銀メダルが一つ、銅メダルが二つ。正式種目として復活する2020年の東京五輪で日本が勝てるかどうか、大いに気になる。

というのも金メダルを至上命令に臨んだ北京五輪で、韓国、アメリカ、キューバに惨敗し、メダルなしに終わった苦い過去があるからだ。

その原因は複数あるのだが、私は監督の星野仙一の〝仲良し主義〟に最大の問題があったと考える。コーチ陣を能力主義では選ばず、仲のいい友人で固めてしまったのだ。彼がコーチとして選んだ山本浩二、田淵幸一は大学時代から気心の知れた友人であり、プロ入りも同期。もうひとりのコーチ、大野豊は山本浩二が広島の監督を務めたときのリリーフエースである。

それぞれ悪い人間ではない。野球界での評判もいい。私も田淵とは西武で同じ釜の飯を食った仲だ。おおらかな性格で、人から愛されるタイプである。

私とはロッカーが隣なので自然と話す機会も多かったのだが、こと野球の戦術や知識となると、まるで頼りなかった。彼のリードに対し、私が疑問を投げかけると、「投げるのはピッチャーであって、僕じゃないから」という言葉が返ってきたことがあった。自分の配球への反省はなく、打たれたのはピッチャーの責任というわけだ。監督の分身であるべきキャッチャーの野球観とは思えない。

実は、私の教え子でもある古田敦也が監督として成功できなかったのも、北京五輪の星野と同様に〝仲良し主義〟の陥穽《かんせい》にはまったからだ。プレーイングマネージャーとして指揮を執った古田がヘッドコーチに指名したのは仲のいい伊東昭光。古田の間違いやミスを冷静に判断し、指摘するのは難しかったのではないか。

仲のいい人間、扱いやすい人間が集まっても、勝利を追求するために必要な緊張感は生まれない。なあなあの関係に陥り、互いに厳しいことは言わなくなってしまう。うまくいかないときには傷をなめ合うのがオチだ。

勝てる組織をつくるにはリーダーの「やりやすさ」を優先してはならない。とことん能力主義を貫くべきである。

NOMURA'S METHOD

コストカットは組織を萎縮させる。

No.
014

この10年ほどのプロ野球界を見渡したとき、ひょっとしたら名将と言えるかなと思うのは落合博満ぐらいだ。

監督らしい度量も威厳もあるし、決断力もある。私は意見を異にするが、2007年の日本シリーズで完全試合目前の山井大介をスパッと交代させたあたりの決断力もたいしたものだった。野球人としての研究心、探究心も備わっている。私が楽天監督だった頃、オープン戦で対戦すると、決まって中日のマネージャーが私のところにやってきた。

「監督が野村さんにお会いしたいと言っています」

こうして2時間、3時間の野球談議となるのだが、私とは野球を見る角度が違うので、話を聞くのは新鮮だった。向こうも嘘か本心か知らないが、「こういう話ができるのは野村さんくらいですから」と持ち上げるのを忘れなかった。

8年の監督生活でリーグ優勝4回、日本一1回。Bクラスは1度もなし。成績は申し分ない落合だが、物足りないのはファンやマスコミへの対応だ。とにかく不愛想で、リップサービスが一切ない。当然、ファンやマスコミの受けは悪かった。私がプロ野球を人気商売と考え、連日、メディアに向かってボヤいて話題を提供したのとは大違いだ。おそらくグラウンドで結果を残しさえすればいいと思っていたのだろう。

そんな落合が2013年に中日のGMに就任した。

何をやるのだろうと思っていたら、報道などで耳に入ってくるのは、選手のリストラとコストカットの話題ばかり。トレードやドラフト戦略もうまくいっていない。チームの成績も芳しくないうえ、観客動員も右肩下がり。どこかの企業のようだ。

コストカットやリストラで社員のモチベーションが下がる→売り上げが上がらない→ますます顧客離れが進む→さらに人件費を削る……。要するに負のスパイラルである。

私は落合には自軍の選手をもっと大事にしてほしかった。コストカットにも反対だ。プロ野球選手を目指す少年たちに夢を与えるという意味でも、コストカットが話題になるようでは寂しいではないか。プロ野球のスターだった男が率先してやることではない。

本来なら、落合はどこか別の球団の監督をやるべきだった。それより何もしないでも高給がもらえるGM職がよかったのだろうか。中日の白井文吾オーナーが後ろ盾らしいが、ああ見えて、処世術には長けているのかもしれない。その点も私とは違う。

NOMURA'S METHOD

長嶋やイチローは天才だ。天才でないなら、データで活路を開け。

No. 015

能力や技術で勝る相手を倒すうえで不可欠となるのがデータである。つまり、知力を磨いて本質を理解し、データを活かすことができるから、弱者は強者に勝つことが可能なのだ。

これこそ私が提唱したデータ重視の野球、いわゆるＩＤ（Important data）野球。経験やカンに頼るのではなく、データを駆使して理にかなった野球をすることである。

なぜ私がデータに着目し、それを活用するようになったか、まずそれをお話ししたい。

私は高校を出て、プロ4年目で30本塁打を放ち、ホームラン王になった。打率も・３０２。ところが、５年目、６年目は成績が急降下。ホームランは20本そこそこ、打率は２割５〜６分と低迷した。手がマメだらけになるまでバットを振ったが、成績は上がらない。

原因は明らかだった。カーブが打てないのだ。あらかじめカーブだとわかっていれば打てるのだが、読みが外れればどうすることもできない。

長嶋茂雄やイチローのような天才ならストレートが来ようが、変化球が来ようが、瞬時に対応して打てるのだろうが、残念ながら私にはそんな才能はない。ヤマを張ることはあったが、なかなか当たらない。

悩みに悩んだ末にたどり着いた結論が「もっと頭を使うこと」だった。具体的に言うと、ピッチャーが投げる球種を読むためにデータ分析をしたのである。

自軍のスコアラーに相手バッテリーの配球を記録してもらい、毎日、自分でカウント別に記入していった。すると、どんなピッチャーにも状況によって投げるボールに傾向があることがわかった。カウントの稼ぎ方や三振の取り方、内野ゴロを打たせる場合などに明らかな配球のパターンがあるのだ。これがわかっただけでずいぶん狙い球が絞りやすくなった。

さらに相手ピッチャーのクセを探った。メジャーリーグ最後の4割打者テッド・ウィリアムズの著書に、投球の仕草やクセで、投げるボールの7～8割はわかったと書かれていたからだ。事実、仔細に観察してみると、その通りだった。当時はピッチャーがグラブで握りを隠すこともしなかったし、クセに対する意識も希薄だったという事情もある。

私はこうしてデータ分析を武器にすることで3割の常連となった。2割5分しか打てない不器用な打者がデータによって5分の差を埋めたのである。ホームランも40本以上打てるようになった。私が勝つためにデータを重視する理由がおわかりいただけるかと思う。

NOMURA'S METHOD

データが選手を説得する。

No.016

データの活用が野球を変えたという意味で有名なのは「王シフト」だ。王貞治が現役だった時代、広島カープが敷いた変則守備シフトである。

これは王の強力な打棒に頭を悩ませた広島が、王のデビュー戦以来の全打席の打球方向を調べ、数値化することから始まった。その結果わかったのは、王の打球方向はほとんどライト方向だということだった。そこで王の打席になったときだけ、一塁手を一塁線へ、二塁手をより一塁側へ、遊撃手を二遊間へ、三塁手を遊撃手の位置へ、外野手をそれぞれ右方向へ移動させたのである。こうしてフィールドの右半分に6人の野手が偏るシフトが生まれた。

近年、メジャーリーグも極端なシフトを敷くチームが増えているが、実は私も選手兼任監督だった南海時代にやっている。

相手は阪急の長池徳二（後に徳士）。ホームラン王を3回、打点王を3回獲得したスラッガーで、非力な南海投手陣は彼のカモとなった。そこでデータ分析を試みたのである。

スコアラーに長池の全打球を調べてもらったところ、顕著な傾向が見えた。

右打者で引っ張り専門ということもあって、長池には一、二塁間を抜ける打球がほとんどない。さらにヒット、ホームランは右中間からレフト方向に偏っていた。もう一つの特徴は外野手の間を抜ける打球が多いということだった。

こうした傾向をデータから把握したうえで、私が採用した奇策は外野手を3人から4人に増やすことだった。長打で外野を抜かれるのは致命的だと考えたからだ。4人目の外野手はセカンドから連れてきた。

「がら空きになってしまった二遊間を狙い打たれたら、どうするのだ」と心配する人もいるだろうが、データに明らかなように長池は一、二塁間には打たない。というより打てないのだ。慣れない流し打ちをすれば、バッティングを崩しかねない。

仮にそこに打球が飛んだとしても、単打なら構わない。こちらの目的は長池の長打を封じることなのだから。結局、このシフトが功を奏し、長池は南海戦ではあまり打てなくなった。

ところで、データのメリットは作戦面や技術面だけではない。セオリーから外れた奇策であっても、データの裏付けがあるから選手は納得する。そして、それが成功すれば、選手は監督を信頼することにもなる。

データには戦況を有利に導く以外にも、大きな使いみちがあるのだ。

NOMURA'S METHOD

No.017

「理非曲直」をつねに考えよ。

現役時代に私は配球のパターンがどれぐらいあるかを考えたことがある。かなりの数にのぼるとは考えていたが、実際に計算してみて驚いた。

単純にストレートとカーブという二つの球種を用いて、3球で三振をとろうとした場合、何通りの配球パターンがあるかを考えてみよう。これは数学の順列組み合わせの問題になるわけだが、2の3乗だから、次の8パターンになる。

①ストレート、ストレート、ストレート　②ストレート、ストレート、カーブ
③ストレート、カーブ、カーブ　④ストレート、カーブ、ストレート
⑤カーブ、ストレート、ストレート　⑥カーブ、ストレート、カーブ
⑦カーブ、カーブ、ストレート　⑧カーブ、カーブ、カーブ

次に、外角か内角、高めか低め、ストライクかボールという6つのゾーンを使い分けて、ストレートとカーブの2つの球種で3球勝負に出た場合、何通りの配球が考えられるか。

ストレートで6種類、カーブで6種類あるわけだから、持ち球は12種類。したがって、12の3乗だから、1728通りになる。

これにストライクゾーンを9分割してボールをどこに投げるか設定したり、ボールゾーンまで細かく設定したり、さらに変化球の球種を増やしたりすれば、配球パターンは天文学的な数字となる。

私はキャンプ期間中、この問題を選手に考えさせたことがあるが、数学の学習が目的ではなかった。野球は頭でやるものだということを再認識してくれさえすればよかったのだ。野球を理論としてとらえることができれば、どんな強い敵を前にしても臆することはない。野球は気迫だ、根性だと言っているようなチームは少しも恐れる必要はないのだ。

野球においては、バッターも、ピッチャーも、キャッチャーも、そしてベンチも選択と決断の連続である。そのとき、自分が理にかなった選択と決断をしているか。それをつねに考えることが、私が選手に求めたID野球に他ならない。

日本語には「理非曲直《りひきょくちょく》」という素晴らしい四字熟語があるではないか。「理非曲直」とは「道理にかなっていることと外れていること、正しいことと間違っていること」という意味である。「理非曲直」をつねに意識し、検証していくことが強い組織をつくるベースになると、私は信じている。

NOMURA'S METHOD

感動できるデータを探せ。

No.018

今どきデータ収集をやっていないプロ野球チームはない。集めた膨大なデータを分析し、バッテリー間で行われる配球や野手の守備位置、さらにはバッターが相手ピッチャーのどんなボールを狙うかといった作戦が立てられていく。ＩＤ野球などは少しも珍しくない。

せっかく集めたデータも実際の試合で使うのはほんのわずかである。ＩＤ野球といっても、何から何までデータに基づいて行っているわけではない。ほとんどのデータは次に役立てる資料として日々蓄積されていく運命にある。

しかし実戦で使うデータはわずかでも、チームにしっかりしたデータの蓄積があるかどうかが重要であり、ときにはそれが勝敗を左右する。ここぞという勝負どころで確かなデータに基づいた作戦を実行し、プレーをするというところにＩＤ野球の真髄があるのだ。

私がデータの使い方として心掛けていたことは二つある。

一つは膨大で複雑なデータの内容を歪めることなく、できるだけ簡単なものにして伝えることだ。ピッチャーの投げたボールは平均0・42秒ほどでキャッチャーのミットに収まる。バッターはこの一瞬に対応するわけだから、複雑なデータは頭を混乱させ、迷わせるだけだ。

もう一つは感動できるようなデータを探すことである。感動とは「感」じて「動」くことだと私は解釈している。つまり、データは感じて動くための素材であり、意識改革を促すものでなくてはならない。

インコースに滅法強い4番打者と対戦するケースを例に説明しよう。

バッテリーは当然、アウトコース中心の攻めを考えるのだが、相手もそれは承知しているから、当然アウトコース狙いで対応してくる。どうすべきか。前夜、データを前にあれこれ考えた結果、ノーストライク2ボールのカウントからはほぼ打ってこないことを発見したとする。これで攻め方が決まる。

最初の2球はアウトコースのボール球で誘うのだ。相手が手を出して、凡打でもしてくれれば儲けもの。そして2ボールとなったら、相手が得意なインコースにズバッとストライクを取りにいく。絶好球を逃した相手は動揺し、次のボールに対しても迷いが生じるため、打ち取れる確率はかなり高まる。

こうして敵を術中に陥れるところにID野球の面白さがある。データを活用するのは簡単ではないが、それができるチームは確実に強くなる。

NOMURA'S METHOD

No. 019

データには心理を盛り込め。

私のＩＤ野球の原点は現役時代、相手ピッチャーがどの球種を、どこに投げてくるかを読むことだったとはすでに書いた。これはヤマ張りであって、ヤマカンではない。このことは監督になってから、選手に口うるさく言った。

では、ヤマを張るためには何をすればいいのか。

まずピッチャーの持ち球を知ることが大前提である。次に配球パターン。初球はストレートで入って来るのか、カーブなのか、シュートなのか。コースはインコースなのか、アウトコースなのか。２ボール１ストライクというバッティングチャンスには何を投げてくるか。それがわかれば、フルスイングもできる。

さらに、３ボール１ストライク、３ボールノーストライクといったピッチャー不利のカウントで必ずストライクを取りにくる球種がある。これがわかれば大きなチャンスだ。さらにウィニングショット。つまり勝負球が何かがわかるだけでも狙い球はかなり絞れる。

要するに、野球は体力1割、気力1割、頭を使うことが8割のスポーツだということだ。

そして、データを活用する場合、そこには心理的な要因も盛り込んでいかなければならない。たとえば、ピッチャーは緊張した場面でどんな配球パターンになりやすいのか。あるいは、ふだんのピッチングの組み立てを変えてくるのはどんなケースなのか……。

面白い事例を教えよう。

中日で監督をしていた頃の星野仙一には明らかな傾向があった。星野がマウンドに行ってバッテリーにハッパをかけたあとは、キャッチャーがストレート系のボールを要求することがほとんどだった。「逃げずに勝負しろ！」そんな星野の命令が聞こえてくるようだ。

星野に限らず気合で勝負させたがるタイプの監督がマウンドに行ったら、8割はストレート系のボールと考えていい。

さらに星野時代の中日にはバッターにも傾向があった。前の打席で早打ちして凡打に終わった選手は、次はまず早打ちをしない。再び早打ちして凡打でもしようものなら、星野にこっぴどく怒られるからだ。だから、ピッチャーはどんどんストライクをとりにいけばいい。

データからは相手の心理を読み取れる。あるいは心理が読めなければデータを勝利に結びつけるには至らないとも言えるだろう。

敵に勝つために、敵の心理を読むのは勝負の常道である。

NOMURA'S METHOD

データがひらめきやカンの精度を上げる。

No.020

もう少しデータの話におつき合いいただきたい。

そもそも、なぜデータが必要なのか。私は「知らないより知っていたほうがいいからだ」と答えている。

さらに見える力、つまり有形の力より、見えない力、無形の力のほうが大きいというのが私の考えだ。たとえば、観察、分析、判断、決断、思考、準備、データの収集と活用……これらはかたちにはなっていない。あるいは、相手からは見えない力と言っていい。

他に、野心、劣等感、屈辱感なども見えない力である。ある程度、力が拮抗している場合、こうした見えない力に支えられて戦うチームのほうが間違いなく強い。技術やパワーなど目に見える力など吹き飛ばしてしまう。

また、勝負における見えない力として忘れてはならないのが、ひらめきやカンだ。データ重視の私がこんなことを言うと意外に思われるかもしれないが、私が長年野球をやってきて得た真理でもある。

私は試合では自分の頭に入ったデータに基づいて作戦を立て、サインを出していた。データが不確かならノートをチェックするし、ときにはコーチにも確認する。

ところが、1試合に1度や2度はひらめきやカンとしか言いようのないものが働いて決断を下すことがあるのだ。

ここはバントが常道だが、ヒッティングに切り替えたほうがいいとか、まだ球威十分だからあと1イニングは行けると思われるピッチャーに対し、ここで代えないと大量失点するとか、そんなカンが働くことがある。しかもそのカンは的中するのだ。

ただし、私はカンやひらめきを理解を超えた神がかり的なものだとは考えない。

何の根拠も脈絡もなく、ひらめいたアイデアであっても、あとになって考えてみれば、ほとんど根拠があることがわかる。何度も咀嚼し、無意識のレベルにまでしみ込んでいるデータが、何らかの回路でつながり、ふと浮かび上がってくるのではないか。私はそれがカンであり、そこには必ず根拠があると確信している。

つまり確かなデータが蓄えられているほど、ひらめきやカンの精度は上がるはずだ。それが勝負でものをいうのだと思っている。

NOMURA'S METHOD

理不尽な現場介入を許すな。

No.
021

２００９年を以って私は楽天の監督を辞任した。このシーズン、楽天は2位となり、球団創設以来、初のクライマックスシリーズにも進んだ。当然、契約は更新されるだろうと思ったが、球団からは「任期満了ですから」と、名誉監督という職に祭り上げられた。体の良いクビである。まあ、それはいい。球団には球団の考えがあったのだろう。

しかし、私の後任がマーティ・ブラウンだというのが気に入らなかった。ブラウンは広島では4年連続Ｂクラスと、実績らしい実績を何も残していない。

後になって、早い段階から私の後任は星野仙一に決まっていたという話も聞いた。どうやら、星野は2位のチームを引き継ぐのが嫌だったらしい。そこでブラウンでワンクッション置いたわけだ。期待通り（?）、ブラウンの楽天は最下位。そこで満を持しての星野登場である。

星野は1年目5位、2年目4位と順位を上げ、3年目に日本一まで登りつめた。しかし、これは田中将大という24勝無敗のエースがいたから成し遂げられたものだ。実際、翌年は田中が抜け、最下位に沈んでいる。

私が楽天の監督人事で最も解せないのは、星野の次が大久保博元だったことだ。耳を疑った。大久保は私と同じキャッチャー出身。本来なら弁護したいが、彼の現役時代のリードを見る限り、キャッチャーらしい緻密な野球をするイメージはない。打つ専門の選手だった。ただコーチとしての才能はあったと思う。西武で打撃コーチを務め、中村剛也、栗山巧、中島裕之（現オリックス）らを育てた。アーリーワークと呼ばれる早朝練習も彼の発案だ。

しかし、打撃技術を教えるだけのコーチとチーム全体を把握しなければいけない監督とは仕事の中身が違う。案の定、1年目に最下位に終わるとそのまま辞任した。

驚かされたのは彼の監督時代、三木谷浩史オーナーが先発オーダーを指示していたという報道だった。先発オーダーというのは打撃コーチなどの意見を参考にするにせよ、最終的な決定権は監督にある。それにオーナーがいちいち口出しするなど常識ではあり得ないし、過去にそんな話を聞いたこともない。

大久保が頼りないから三木谷オーナーが現場に介入してきたのか、それとも大久保がご機嫌伺いのために指示を仰いだのか。真相は知らない。いずれにしても大久保はゴマすりと処世術で監督に昇格したと邪推されてもしかたないだろう。監督になるほうもなるほうなら、監督にするほうもするほうだ。プロ野球の末期症状を見る思いである。

【第二章】

いかに意識を変革するか？

NOMURA'S METHOD

NOMURA'S METHOD

No.022

心が変われば、人生が変わる。

監督に就任して、私が最初にやるのは意識改革である。そのために私は野球の話より、人としての心得や社会人としての素養を説くことから始める。たとえば、こんな言葉を教える。

心が変われば態度が変わる。
態度が変われば行動が変わる
行動が変われば習慣が変わる。
習慣が変われば人格が変わる。
人格が変われば運命が変わる。
運命が変われば人生が変わる。

これはヒンズー教の教えの引用なのだが、さらに私なりにもう一行を加えるとしたら、こうなるだろうか。

「人生が変わった人間が増えれば、その組織は強くなる」

これらの教えを野球選手に置きかえてみよう。

心が変われば野球観が変わり、野球観が変われば日々の過ごし方や野球への取り組み方が変わる。その結果、プレーのレベルは上がり、周囲の評価も上がる。それが人望や名声の獲得にもつながり、そうした選手が増えることでチームは勝利を重ね、優勝へと近づいていく。

野球選手に限らず、仕事と人生とは切り離すことができない。技術を磨くだけで、人としての生き方、考え方が間違っていたら、成長も進歩もないということである。

だから、私は選手にこうも言う。

「人間的成長なくして技術的進歩なし」

技術を磨き、一流、超一流と呼ばれるような選手になりたかったら、まずは人間を磨かなければならないということである。

残念ながら、こんな指導を行っているチームは今やほとんどない。科学的なデータ分析や最新ソフト、最新機器の導入などが進み、技術指導はていねいに行われるようになったかもしれない。

しかし、それはただ野球に勝つための方法であり、たとえ勝っても長続きはしない。

その組織の強さがホンモノになるかどうかは人間教育にかかっていると私は断言する。

NOMURA'S METHOD

No.023

「人生とは？」と自分自身に問うてみよ。

人間教育、意識改革と口に出すだけなら簡単だが、その実践はなかなか難しい。人間教育も意識改革も一朝一夕に成るものではなく、まさに蝸牛《かぎゅう》の歩みのごとしである。

教育の場として私が重視したのは春季キャンプだった。

キャンプの1カ月は、選手たちの頭も真っ白だ。つまり何事を吸収するにも都合がいいわけで、私はキャンプとそこで行うミーティングこそが選手たちとの闘いの場であり、勝負どころだと思っていた。

その点、私が監督をしていた頃のヤクルトのキャンプ地、米国アリゾナ州のユマは最高の環境だった。田舎町で周囲に選手が遊ぶ場所は一切ない。だから24時間野球漬け。練習が終わると夕食をとり、それから1時間のミーティング、さらに室内練習場での練習。これが日課だった。

ミーティングは「人はなぜこの世に生まれてきたか」「仕事とは何か」「人生とは何か」という問いかけから始まった。ただ私の考えを伝えるのではなく、自分で考えることを習慣づけたかったからである。なぜなら、思考と行動とは直結しており、人生観は野球観にもつながっていくからだ。

野球がうまいだけでは人生はうまくいかない。仮に野球の技術が一流で、高年俸をもらったとしても、そんな期間は長い人生の一時期でしかない。人生80年として、現役で野球ができるのはわずか10年、20年の話である。現役を終えてからのほうが圧倒的に長い。だから、野球以外の知識や常識や教養を身につけ、自分の生き方を考える必要がある。

そして、何事につけても筋道を立てて考えることは私が目指す「考える野球」にもつながる。

ある年のキャンプの初日のミーティングでは、ホワイトボードに円を描き、その真ん中に「自分」と書いた。円を時計に見立て、12時にあたるところには「人生」、6時にあたるところには「家族」と書いた。3時には「職業」、9時には「プロフェッショナル」と書き、他に「仕事」「組織」「会社」「社会」「国」「経済」といった言葉を並べた。

時計のかたちにしたのは並列にするより、記憶に残ると思ったからだ。野球や人生だけではなく、ときには自分にとっての社会や国についてまで考えてほしかったのである。

こうした教育がどこまでうまくいったのかはわからない。ただ、古田敦也、宮本慎也、稲葉篤紀、真中満、石井一久ら私の教え子の多くが現役引退後も野球界やマスコミで活躍しているのを見ると、少しは意味があったのかなと思う。

NOMURA'S METHOD

働くとは「ハタ」を「ラク」にすること。

No. 024

現役時代に「仕事をするとは何か」、「働くとは何か」を真剣に考えたことがあった。

そんなときに「働く」とは「ハタ（周囲の人）」を「ラク（楽）」にすることだというのを、人から聞いたか、本で読むかして知った。ちょっと語呂合わせのようで、そんなものかなあとも思ったが、監督になって得心がいくようになった。

野球におけるチームプレーがまさに「ハタをラクにする」ことなのだ。

たとえば、1点リードされた終盤、先頭打者として打席に入る選手は出塁することに全力を尽くすことが求められる。だが、1球目に好きなボールがきたからといって積極的に打ちに出るのは好ましくない。

ここで監督がしてほしいのは、せめて何球かはピッチャーに投げさせ、塁に出ようとする執念を相手に知らせることである。接戦であればあるほど、相手バッテリーに「やっかいな選手だな」と思わせることが重要だ。そのようなプレッシャーを相手に与えることが、次の打者、さらに次の打者へとつながっていく。

どんな好打者も好きなボールを打ち損なうことがある。凡打に終わって「しょうがないよ。自分では打てると思ったんだ」と考えているようではダメだ。だから、単純によく打ち、打率が高い選手がいい選手とは限らない。どんなに打っても、どんなに打率が高くてもチームにとっては好ましくない選手もいるのだ。

私が言っているのは決して難しいことではない。

自分の力を10割として、そのうちの1割か2割をチームのために使ってはどうかと言いたいのだ。それが「ハタ（この場合は後続の打者）」を「ラク」にすることにつながる。

「ハタをラクにする」とは、監督、コーチ、チームメイトなど周囲の人間の立場や役割を理解することだと言い換えてもいい。

会社の職場も同じではないだろうか。課長の立場、部長の立場、同僚の立場になって考える。それができる人は自分に与えられた任務と権限、自分が背負うべき責任も明確に認識できるはずである。

つまり「ハタをラクにする」能力が高いということだ。そのような思考がいい仕事の原動力となる。個人と組織、個人とチームとは運命共同体なのだ。

NOMURA'S METHOD

未熟な考えでは、未熟な生き方しかできない。

No. 025

人はなぜこの世に生まれてきたのか。

人は何のために生きるのか。

そんなテーマでミーティングを行ったことはすでに述べたが、私もこれが絶対に正しいという答えを持っていたわけではない。私自身、野球の道一筋で育ち、しっかり人間形成ができているとは思わないし、人格者でもない。だから、自分で選手たちに問いかけながら、心中では「一緒に考えてみようじゃないか」という気持ちだった。

それでも選手に「監督はどう考えるのですか」と聞かれれば、こんなことを話した。

「原点にあるのは、やはり命ではないかな。人生は一度しかないということをまず考えなくてはいけない……」

人間が何のためにこの世に生を受けるのかと言えば、きれいごとかもしれないが、私は幸福と平和な環境をつくるためだと思う。文豪トルストイも「人生とは幸福への努力である」と言っている。みんながそういう気持ちに立てば、素晴らしい世の中となるのだが、人間には善性と悪性があり、ともすれば悪がはびこる。もっとも、悪の存在があるから、善が明確になり、それを理解できるという一面もある。

では、どうすれば幸せになれるのか。

「世のため人のため」という方向づけを持って毎日を生きれば、必ずや自分に返ってくるはずだ。ところが、現実は、多くの人が目先の利益に目がくらみ、ものが見えなくなってしまっている。今の格差社会や貧困という問題の根っこにあるのもそこではないか。

これは個人だけの問題ではなく、企業も同じだろう。企業を「営利を目的とした組織」と考えるのが間違いであり、自分たちはどのようなことをして「世のため、人のため」に尽くすのか、そのような発想ができる企業が成長するのだと思う。

こうして1時間ほど私の考えを述べた後、最後はこんな締めくくり方をした。

「1回しかない人生の主役は諸君一人ひとりであり、グラウンドの主役は自分自身である。その主役がもっと輝くためには、自分が何のために生きているのかという人生観を確立しなければならない。そうすれば、野球に対する取り組み方も自ずと見えてくる。同時に、君たちは日本中のファンに見られているのだから、そうした自覚を忘れないでほしい。考え方と行動は直結している。未熟な考えの人間は未熟な生き方しかできない」

NOMURA'S METHOD

No.026

弱者が強者を倒すために、本質を理解せよ。

キャンプのミーティングで野球の話をするのは、キャンプインして数日経ってからである。しかも、まだ野球の技術や戦術の話はしない。するのは「野球とは何か」という野球の本質についてである。

「野球とは何か」と問われたら、皆さんは何と答えるだろう。

「野球とはドラマである」「野球とは意外性のスポーツである」「野球とは団体競技である」「野球とはメンタルのスポーツである」「野球とは確率のスポーツである」……人それぞれさまざまな考え方があるに違いない。

私は「野球とは頭のスポーツである」が持論だ。口を酸っぱくして、それを選手に伝える。

ご存じのように野球は1球投げては休憩、1球投げては休憩が繰り返される。こんなスポーツは私が知る限り、他にはない。では、なぜ野球には1球1球に間があるのか。この間は何を意味しているか。私は選手を前にこのように説く。

「次のボール、次のプレーに対して考え、備えるための時間を与えてくれているのだ」

ここに野球の本質がある。

1球ごとに変化する状況を頭に入れた上で、相手の心理状態まで推測し、考えられる作戦やプレーの中から最も成功する確率の高いものを選択する。その積み重ねが野球なのだ。この本質さえしっかり理解できれば、優れた才能と技術を持つ選手が集まっただけのチームなど少しも怖くないし、弱者が強者を倒すことも可能だ。

私が野球の本質論にこだわったのは、弱いチームに巣食っている「どうせ俺たちは強いチームには勝てない」「一生懸命やったところでたかがしれている」という負け犬根性を払拭するためでもあった。

監督に就任したばかりのヤクルトが負け犬根性のチームだった。優勝からは11年遠ざかり、9年連続Bクラス（うち最下位4度）。彼らの「どうせ俺たちは……」という気持ちを「俺たちでも考える野球をすれば優勝できるかもしれない」「いや優勝できるんだ」という心理状態に変えるために、私は野球の本質論を説くことから始めた。

野球の本質を理解させるとは「強いチームと同じことをやっていてもダメだ」「俺たちはもっと頭を使ってレベルの高い野球をやるのだ」と自覚させることなのである。

NOMURA'S METHOD

No.027

「偉大なる常識」を周知徹底せよ。

「つねに原理原則を見据えよ」というのが私の監督としての理念である。原理原則とは一語でいえば、「理」。ものごとの筋道や法則のことであり、もっとわかりやすく「偉大なる常識」「当たり前のこと」と言い換えても構わない。

これをしっかりわきまえていれば、どんな事態にも冷静に対処できる。事物、事象、仕組、構造など、世の中に存在するものすべてに理があり、根拠がある。だから理にかなわないことはしない。つねに理をもって戦う。それが私の野球観だ。

野球というスポーツは勝敗の行方の7~8割をピッチャーが握っている。ピッチャーが相手打線を0点に抑えれば、100パーセント負けはない。逆に、味方打線が10点取っても100パーセント勝てる保証はない。だから、理や常識に則った野球をするなら、投手を中心としたチームづくりをするのが正しいという結論になる。

もちろん、打つほうにも理や常識はある。

たとえば、1番バッターだ。まず塁に出ることが求められる。そのためにはどうすればいいか。ヒットを打つ、あるいは四球や死球で出塁するというところまでは誰でも考えられる。当たり前だ。実はここで考えてほしいのはフライを打つか、ゴロを打つかである。

フライを上げて野手に捕られたら、それで終わりだ。しかし、ゴロなら相手チームには捕る、投げる、受けるという3度の守備機会が生まれる。ミスの確率が高まる上、走者が俊足なら、野手はそれを意識し、エラーや悪送球を誘発する。だから、トップバッターはゴロを心がけたバッティングをするのが望ましいのだ。

あるいは一死一、三塁で3番、4番を打席を迎えたケースはどうか。外野フライでも犠牲フライで1点が入るため、バッターは高めのボールに的を絞るのが鉄則だ。それ以外に何を考えるべきか。ここで答えが出ない選手はプロにもいる。私が監督なら最低限「外野手の中で一番肩の弱い選手を狙う」というところまで考えてほしい。

ヤクルト監督就任1年目、選手たちに「ここまで考えたことはあるか」と問うと、「ありません」という答えが返ってきた。監督が何をしてほしいかを考えることは、相手が何をされたら嫌なのかを考えることである。そこに勝利を導く理や常識も存在する。

結局、ヤクルトの1年目は5位。「偉大なる常識」を叩き込み、試合で実践することを徹底するのに1シーズンを要してしまった。

NOMURA'S METHOD

No.028

全員が主役になれるわけではない。なる必要もない。

光は影があるから、光となる。

主役は脇役がいるから、主役となる。

これが強い組織のあり方である。つまり、全員が光になれるわけでも、主役になれるわけでもないし、なる必要もないというのが私の考えだ。

映画も、演劇も、テレビドラマも、主役だけでは成立しない。素晴らしい脇役がいて初めて、主役は光り輝くことができる。たとえが古くて申し訳ないが、スクリーンで出ているのが全員、石原裕次郎や高倉健だとしたら、誰がそんな映画を観たいだろうか。きっと、おそろしくつまらない映画だと思う。バイプレーヤーのいぶし銀の演技があるから、主人公の裕次郎や健さんは輝きを増すのである。

野球のチームも同じだ。バッター全員がバットを振り回し、3番、4番のバッティングをしているようだとチームは機能しない。

仮にスター選手がめざましい活躍をしたとしても、それは彼だけの手柄ではなく、その活躍の陰には、脇役とも言うべき選手たちの地道なプレーの積み重ねが存在する。

団体スポーツなら「チーム一丸」、企業社会なら「全社一丸」という言葉があるが、「一丸となって戦う」とは一人ひとりが、それぞれの場面で、自分の役割をまっとうすることにほかならない。だから脇役には脇役の生きる道があり、頼りになる脇役が多い組織ほど強い。

ヤクルトの宮本慎也がまさにそんな脇役だった。バッティングはひ弱だったが、守備力と野球に対する意識の高さは入団時から群を抜いていた。そこで私はバッティングには目をつぶって8番に起用し、こう諭した。

「将来、おまえには2番を任せるから、そのつもりで自分を磨け。脇役の一流を目指せ」

2番の役割はクリーンナップへの「つなぎ」である。状況に応じたバッティングと小技、さらに高い出塁率が求められる。だから私は宮本がホームランでも打とうものなら、むしろ叱ったものだ。彼の真価はホームランよりヒットやバントの数にあるからだ。

結局、彼のバッティングは年を追って成長し、通算2000本安打も記録した。その一方で408犠打は日本歴代3位。シーズン67犠打（2001年）は世界タイ記録である。年俸も2億円を超え、超一流の脇役ぶりを見せてくれた。

NOMURA'S METHOD

No.029

自分のために組織はあるのか、組織のために自分があるのか。

「自分が勝ち星を増やすことが、チームのためだと思います」

「自分が打って、チームの成績に貢献したい」

プロ野球選手のインタビューなどで、こんな言葉を聞いたことがあるかと思う。

一見しただけでは、チームのことを考えた、至極もっともな発言のようだが、私にはジコチュー選手の声にしか聞こえない。こんな発言を口にするのは決まって万年Ｂクラスの、弱いチームの中心選手である。

たしかに人間誰しも自分がかわいい。プロ野球選手なら自分の個人成績が気になるのは当然だ。打者なら打率、ホームラン、打点、投手なら勝利やセーブの数、防御率といった記録は常に意識する。これらの成績が年俸にも直結する。

だから、「自分が打つこと、自分が勝ち星を挙げることがチームに貢献することになる」という考え方を全面的に否定はしない。

しかし、「自分が打つこと、自分が勝つことがチームのためになる」という考えと、「チームのために打つ」「チームのために勝つ」という考えは明らかに違う。前者を個人記録優先主義、後者をチーム優先主義と分けてもいい。

野球は団体競技である。個々の選手が自分の役割を認識し、一丸となって戦わなければ、長いペナントレースを勝ち抜き、優勝することなどできない。各自が個人の記録のためにプレーするようになれば、チームの力は分散する。

「フォア・ザ・チーム」とは個人の記録より、チーム優先を第一義に戦うことなのだ。

私の経験から言っても、自分の記録を意識すると、ろくなことはなかった。チーム優先で考えたほうが結果はついてきた。

たとえば、9回に一発出れば逆転サヨナラの場面で打席が回ってきたときだ。「何が何でもスタンドに放り込んでやる」と意識すると、つい強引になって、ボール球に手を出してしまう。それより「とにかく次のバッターにつなごう」と考えられたときのほうが、案外ホームランが出たものだ。傲慢であるより、謙虚であることが集中力を生むのである。

自分のために組織はあるのか、それとも組織のために自分は存在するのか。そこのところを組織に所属する一人ひとりがしっかり考えなくてはいけない。

NOMURA'S METHOD

No.030

「礼」と「義」と「恥」の意識を教え込め。

私は中国の故事を好んで読んできた。

なぜなら、そこには生身の人間の戦争について書かれているからだ。

千年以上も前の戦争においては、兵器といっても槍と刀と弓矢ぐらいである。そういう時代の戦争の戦略・戦術は野球と非常に重なる。野球の戦略・戦術のヒントが得られると同時に、私自身の問題意識が高まるのだ。

高校しか出ていない無知無学の私には専門的な読み方はできないが、浅く、狭い読み方であってもヒントは至るところにある。

私が好きな兵法の書に春秋戦国時代に書かれた『呉子』がある。作者は定かではないらしいが、『孫子』と並び称される名著だ。「まず和して、しかる後に大事をなす」は『呉子』に書かれた有名な言葉で、聞いたことのある方もいるだろう。「大きな仕事は組織内の意思統一をした上で成し遂げられる」という意味である。

私がしばしば『呉子』から引用するのは、「礼」と「義」を教え、「恥」の意識を教え込むことができれば、兵隊の戦闘能力は自ずと高まるという趣旨の話だ。

「礼」とは秩序を保ち、人間関係を円滑に維持するための常識や感性。「義」とは自分が人生を歩んでいくうえでの正しい道である。そして、「恥」の意識とは人間として恥ずかしいと思う意識のことであり、恥ずかしいことはできないと思えば、それは向上心につながる。

人によっては戦いや野球と何の関係があるのかと考えるかもしれないが、このような教育や躾が軍隊力、野球においてはチーム力につながると言っているのだ。秩序感覚やルール感覚を持たせよということである。

兵は命を賭して戦い、指揮官は兵の命を預かって指揮をとる。そのとき戦場の一人ひとりの心の乱れが軍を崩壊させていく。『呉子』ではそれを戒めているのだ。

「礼」や「義」が一番わかりやすい形で表れるのが挨拶だろう。野球界でも一流と言われる人の挨拶はさわやかで、心に曇りのないものを感じさせる。心が外に向かって開いている。ところが、二軍で終わるような選手の挨拶は「オッス」だ。心が曇りっぱなしである。

挨拶は心の窓だという。技術を貪欲に吸収し、自主性を持って成長していくうえで無関係ではないだろう。こうした人間らしさの指導・教育なくして、技術の向上、飛躍はないと思う。

NOMURA'S METHOD

ユニフォームには金をかけろ。

No.031

現役時代の私にはずっと巨人コンプレックスがあった。それは私だけではなかったと思う。つねに満員の球場で大声援を背にプレーする巨人の選手に対し、閑古鳥が鳴くスタンドで野球をすることにすっかり慣れてしまったパ・リーグ育ちの宿命かもしれない。

巨人の選手はどこか垢抜けているし、いつも自信に満ちあふれているように映ったものだ。日本シリーズなどで対戦しても、なんとなく我々を見下しているようにも見えた。

たとえば練習に使うボールである。我々は使い古しの、薄汚れたボールしか使えなかったが、巨人は練習球でさえ、おろしたての真っ白なボール。新しいボールは音も違う。バットの芯でとらえると、カーンという澄み切った高音が空に抜けていく。

バット、グラブ、スパイクといった道具も同様である。キャッチャーマスク越しに見る巨人の選手は、ローリングスなど当時は珍しい舶来メーカーを使っていた。対する我々は、安い国産品。野球をやる以前にいたるところで差をつけられ、巨人ブランドという雰囲気に気圧されていたのである。

勝負事である以上、最初の印象はきわめて重要だ。どんな些細なことでも相手より優位に立ち、見下ろすようにして戦ったほうが有利に決まっている。

だから、たかがユニフォームなどと思ってはいけない。球団はユニフォームにはお金をかけるべきである。機能性に富んだ上質な素材。選手自身はもちろん、ファンもカッコいいと思うようなデザイン。少々コストがかかっても、それくらいは奮発してほしい。

ビジネスマンの方も同じではないだろうか。商談であれ、プレゼンテーションであれ、仕立てのいい高いスーツを着た方が堂々としていられるはずだ。人間というのは不思議なもので、みすぼらしい格好をしていると、心までいじけてくる。私は安月給であっても、見栄を張って高級スーツを着ることに大賛成である。

ユニフォームや道具ではないが、私は練習であっても他球団に優位性をつねに意識し、キャンプでは実際の試合で使いそうにない高度なフォーメーションを積極的に取り入れた。練習でうまくいかなくてもいい。選手に優位感をもってもらうのが最大の目的なのだ。ＩＤ野球にも同様の狙いがある。まず「自分たちは他のチームより進んだ野球をしている」という意識を持ってくれればいいのだ。

力で勝てなければ、知恵で勝負する。それが私のやり方である。

NOMURA'S METHOD

規律なきところに真の実力は育たない。

No.032

　1997年、ヤクルトと西武が覇を争った日本シリーズの前に私はこう言った。

「絶対に負けるわけにはいかない。西武の選手の茶パツ、長髪などプロ野球選手としてあるまじきものだからだ」

　これは敵将の東尾修を挑発する意図もあったが、私の本心でもあった。シリーズに入ってからも西武の選手の態度は目に余った。

　第4戦で、私が審判への抗議のためにグラウンドに出ると、西武のベンチからは「ブタ！」「デブは引っ込んでろ！」という汚いヤジが盛んに飛んできた。私は現役時代の最後の2年間は西武でお世話になったが、当時の西武は礼儀やマナーには厳しいチームだった。

　昔からプロ野球の試合にベンチのヤジは付きものである。しかし相手の監督やコーチをヤジってはいけないという不文律はあった。なぜなら、敵チームとはいえ、監督やコーチは野球界の先輩であり、今自分たちがこうしてプロの飯を食えるのはそうした先輩方のおかげでもあるからだ。

それをヤジるなど言語道断である。

　第５戦では国旗掲揚のときに西武の先発ピッチャーが投球練習をし、それをコーチが腕組みして見ていた。スタンドのお客さんも全員起立しているのに、これでは常識もマナーもあったものではない。

　私はこうした様子を見て「これなら勝てる」と確信したたし、こんなチームを日本一にさせられないとも思った。もし負けたら、私の野球哲学が否定されてしまうことにもなる。結果はヤクルトが４勝１敗と西武に圧勝した。

　私は自分が監督を務めたチームでは必ず茶パツと長髪、それにヒゲを禁止している。プロ野球選手とは激しい練習によって自己を研鑽し、卓抜した技術でファンに感動を与える職業だ。当然、それにふさわしい心境と姿がある。たかが茶パツと言うなかれ。１人の茶パツがチームの野球の質や格を壊してしまうのだ。

　南海の監督時代、「野球と髪の毛に何の関係があるでんすか」と言ってなかなか髪を切らない江本孟紀を、私はこう言って説得した。

「おまえ、長髪の歴史を知っているか。レオナルド・ダ・ビンチがモナリザになりきるために始めたんだ。マウンドでボールを投げるピッチャーにそんなことが必要か？」

　ひねくれ者の江本もようやく納得して髪を切った。

NOMURA'S METHOD

No.033

姿の乱れは、心の乱れ。

巨人時代の清原和博がピアスで物議をかもしたことがあった。2005年、堀内恒夫が監督だった年である。耳にダイヤのピアス、肌は浅黒く、コワモテの風貌。「清原選手のようになりなさい」と、子供たちに教える指導者はまずいないだろう。

同じ年の阪神戦でこんなこともあった。10対2と阪神がリードしている7回裏二死満塁の場面で打席には清原、マウンドには藤川球児。3-2のフルカウントから藤川球児が投じたのはフォークボール。空振りの三振に終わった清原は試合後、こんなコメントを残したらしい。

「真っすぐで勝負せんかい。チン○コ、ついてんのか!」

私は清原の勘違いが情けなかった。清原に言わせれば、すでにゲームの勝敗が決しているような展開なのだから、男らしくストレートで「力対力」の勝負を挑んでこいということなのだろう。

しかし、藤川もプロだ。簡単に打たれるわけにはいかない。

そもそも「力対力」の勝負とは体力・気力・知力のすべてを使って全身全霊で戦うことである。

ところが、清原の「力対力」の勝負とは、あくまで体力と気力だけの勝負なのである。清原はそこを勘違いしている。彼の野球には知力のかけらもない。

私には彼は天性だけで野球をしていたとしか思えない。清原クラスの打者に対し、ピンチで真ん中のストレートを投げるなど愚の骨頂。ストレートを見せ球にして変化球で勝負するのがセオリーである。そんなことは本人も気づいてしかるべきなのに、彼はいつもストレートを待っている。そして、最後はボール球の変化球に手を出して凡打か、三振。だから、対戦チームの監督とすれば、清原はコントロールミスさえなければ怖くなかった。

楽天の監督をしていた頃に清原獲得の話もあったが、私は「ピアスを外してから来い」と言った。あんなピアスをしているうちは清原の野球への取り組み方が信じられなかったのである。ピアスも茶パツも要は目立ちたいだけで、野球選手なら野球で目立てばいい。

ピアスや茶パツなどの見た目の乱れは、選手としての体力・気力・知力の乱れを示している。私はその乱れが、覚せい剤常習の罪へとつながったのだと思う。

陽の当たる場所ばかり歩いてきた清原は本当の苦労をしていない。プロに入ってからも堤義明オーナーに寵愛され、監督だった森祇晶にも甘やかされた。私は森に「お前の教育が悪かったんだ」と苦言を呈したこともある。しかし、時すでに遅し。破格の才能があったプレーヤーだけに、なんともったいない。大バカ者である。

NOMURA'S METHOD

悩み、苦しむことを楽しめ。

No. 034

ヤクルトの監督となって4年目か5年目だっただろうか。チームという組織を活性化するには何が必要かを考えたことがある。

そんなときにビジネス書を読むか、人から聞くかして、なるほどと思ったのが、「エンターテインメント（Entertainment）、エンジョイメント（Enjoyment）、エキサイトメント（Excitement）の3つのEが職場の空気を変える」という話だった。これは野球チームにも当てはまる。

まずエンターテインメント。これは野球というスポーツを徹底的に面白がることと言っていい。野球が好きで好きでしょうがない、面白くてしょうがないという選手がチームにどれだけいるかが重要なのだ。「良兵の少数は多兵に優る」という中国のことわざがあるが、こんな選手が3、4人いるだけでチームは強くなる。

次のエンジョイメント。野球が好きなのももちろんだが、半ば意図的にチームの雰囲気を明るく、楽しく盛り上げることである。こういう能力を持った選手は大切にしたい。

３つ目のエキサイトメントは自分の仕事に意義を感じ、興奮、高揚、感激することである。ペナントレースの終盤で激しい優勝争いをしていたり、試合で接戦になったりしているときは、誰でも興奮し、アドレナリン全開になることがある。興奮しながら、同時に冷静さを併せ持つことが一流選手や監督などの指導者には要求されるが、まずは勝利に向かってエキサイトすること。それが思わぬ力となり、チームのムードを高める。

私はあまり横文字が好きではないのだが、３つのＥが示唆しているのは、要するに「野球を楽しめ」ということである。「楽しむ」という日本語はなかなか奥が深い。

私自身、野球で悩んだり、苦しんだりしたことは数限りなくあったが、それを苦労と感じたことは一度もなかった。苦労とは「したくない」ことをして苦しむことだと思う。好きな野球をやらせてもらっているのだから、悩み、苦しむのは当たり前。むしろ、悩み、苦しむことを含めて野球は「楽しい」ことだった。

近年、若いプロ野球選手が「楽しみたい」「楽しくやりたい」と異口同音に発言する。それが思い通りにいかない絶望的な状況の中で必死にもがき苦しみ、事態を打開するために考え、悩み抜くことまで含めての「楽しい」だったら、大歓迎だ。しかし、私と同じ意味で「楽しい」「楽しむ」という言葉を使っているのかどうか、はなはだ怪しい。

NOMURA'S METHOD

No.035

ミーティングに勝負をかけろ。

私は、ミーティングに勝負をかけた。「言葉は力なり」である。自分がそこで話す内容で、選手たちをいかに感動させるか、よりレベルの高い野球への関心を高めさせるか。格言も引用したし、まったく異なる分野の話もした。話すほうも日々勉強である。

そうした言葉の積み重ねによって、この監督についていけば大丈夫だと選手たちが思ってくれればいいのだ。チームのムードも自然によくなる。

ミーティングを重視したもう一つの理由は、作戦面・戦術面での私の思想を選手に徹底することにあった。

ひとたび試合が始まってしまえば、状況は刻々と変化し、いちいちタイムをとって、こうしろ、ああしろと指示するわけにはいかない。

そのとき、選手たちが、「この場面はこのあいだのミーティングで監督が話していたことだったな」、「こんなケースではこうしろと言っていたな」と思い出してプレーしてくれればいい。つまり、ミーティングは、私がやってほしい野球とは何か、私が嫌う野球とは何かを明確に示す場でなければならない。

ペナントレースの終盤、優勝を争っている時期に「チーム優先主義」というテーマで話をしたことがあった。

「守りは統合しやすく、攻めは分散しやすい」という。守っているときは、自分のところにボールがくれば、誰でも一生懸命追いかける。そこで手を抜いたり、気を抜いたりすることはまずありえない。つまり、守りは誰でもチーム優先にやるものだ。

一方、攻撃はどうか。

野手にバントを命じることが1試合に何回あるだろうか。ヒットエンドランなどは1試合に1度あるか、ないかだ。チーム優先というと、すべてチームを優先しなければならないイメージを持っているかもしれないが、現実には9割以上は自分の好きなように打っている。だから、この場面はチームのためにバントしてくれと命じたら、気持ちよくやってもらいたい。

「そもそもチームは選手のために存在し、選手はチームのために存在する。100パーセント、チームの犠牲になることなどありえない。チームと選手の関係が無数に積み重なることによって、そのチームは強くも弱くもなると覚えておいてほしい」

こんな話をしたのは1997年。ヤクルトが日本一になったシーズンだった。

精神論から学ぶものはない。

私が大嫌いなのが精神野球だ。精神野球とは体力・気力・知力のうち、気力だけを重視する野球である。だが、プロスポーツ選手なら、気力など備わっていて当たり前。それを問題にしなければならない野球などあまりにレベルが低すぎる。

しかし、私がプロに入った当時は多かれ少なかれ、監督が「根性だ！」「気合だ！」と檄を飛ばすだけの野球をやっていた。指導者の多くが戦争から帰ってきた軍人上がりだった時代だから、ある意味では当然かもしれない。南海の鶴岡一人さんがまさにそのタイプだった。

精神野球というのは、言い換えれば結果論の野球でもある。

あるバッターが左中間を破る、三塁打になるかもしれない打球を放ったとしよう。打ったバッターが二塁を回り、三塁を陥れようとすると、鶴岡さんは「バカたれ！　バカたれ！」と怒鳴る。しかし、首尾よくセーフになると、「よーし、よくやった」。そんな野球である。

私にも懐かしい思い出がある。一軍の試合に出始めた頃だ。

西鉄の強打者、中西太さんに逆転ホームランを打たれたあとだった。ベンチに戻ると、鶴岡さんは「おい、何を投げさせたんだ？」と聞くので、私は正直に「真っすぐです」と答えた。すると、「バカたれ！」の怒声が飛んできた。当然、私はこう考える。

「そうか、ピンチで中西さんのような強打者を迎えたら、真っすぐではダメなのか」

そして、再び西鉄戦がやってきた。前回同様、一打逆転の場面で中西さんを迎えたので、私は2ストライクと追い込んでから、ピッチャーにカーブを要求した。ところが、これをものの見事にレフトスタンドに叩き込まれた。

ベンチでは鶴岡さんが鬼の形相で待っていた。「何を投げさせた？」と問われた私は「カーブです」。このときも鶴岡さんの口をついたのは「バカたれ！」だった。

私はここで聞かなければ一生後悔すると考え、勇気を出して鶴岡さんに尋ねた。

「あのような状況では、何で勝負するのが最善の策なのでしょうか？」

鶴岡さんは一瞬間をおいて、ひと言。

「よう勉強せい！」

もはや、これ以上聞く気にもならなかった。こんな前近代的な野球に未来はないと思った私は、この日を境に自分で真剣に配球を考え、野球を勉強するようになった。

精神野球は私の反面教師である。

NOMURA'S METHOD

No.037

恐怖で支配しても長続きしない。

精神野球の延長線上にあるのが、恐怖で組織を掌握するスタイルだ。

場合によっては鉄拳制裁をも辞さない恐怖感で、チームに緊張感を与え、選手を動かすのである。選手は「やらなければ怒られる」「監督を怒らせたら、ぶっとばされる」と思うから、目の色を変えて野球をするようになる。

このスタイルで一定の成果を上げたのが星野仙一だ。

星野が私の後任として阪神の監督になり、緩み切っていた阪神のムードは一変した。星野の恐怖感が選手のモチベーションを高めたのである。

そもそも阪神の監督を退任するにあたり、星野を後任に推薦したのは私だった。マスコミやファンに甘やかされ、すっかり闘争心や反骨心を失っている阪神の甘ちゃん選手を目覚めさせるには、私のように「理」を説くタイプではなく、厳しさや怖さを持ち合わせた星野のような熱血監督がうってつけだと考えたからだ。

星野の名誉のために言っておけば、彼のやり方は恐怖支配一辺倒ではない。「情」の男でもある。失敗して怒鳴りつけた選手、ときには鉄拳制裁を下した選手には必ず次のチャンスを与える。活躍した選手には報奨金を出すなど、巧みにアメとムチを使い分けた。選手の夫人の誕生日に花束を贈るといった細かい心配りもあったらしい。

さらに、有力選手を次々に獲得してくる人脈や、フロント改革を断行させるオーナーとの太いパイプもあった。私にはない交際範囲の広さ、処世術の巧みさも持ち合わせている。それが阪神と楽天での優勝へとつながった。星野自身は両球団の優勝が「野村の遺産によるものだ」と言われるのが面白くないらしいが……。

さて、ここからが私の本論である。

恐怖で組織をコントロールする方法は早期に効果が出るが、長続きはしない。そのようにして生まれたモチベーションは本物でないからだ。やがて選手は指導者の顔色ばかりうかがうようになり、恐怖が薄れれば雰囲気は緩み、そうなれば今まで以上の恐怖が必要になっていく。

今も高校野球などアマチュアスポーツにおける体罰や暴力沙汰が報道されることがあるが、いつまでこんなことを続けているのだろうと思う。殴ることは本人の反省には結びつかないし、殴られないようにするための悪知恵がつくだけだ。

殴ることで得られるものなど何もない。

NOMURA'S METHOD

結果ではなく、プロセスを重視せよ。

No.038

「野村野球」とは何か。

ひと言でいえば、「プロセス重視の野球」である。

プロ野球は結果がすべてだと考える人が多い。たしかに、結果によって評価が決まる世界ではある。勝利を重ねることで人気が出て、観客動員は増し、放映権やグッズ販売などのビジネスにもつながる。だから、球団のフロントも監督も何より結果を求めたがる。資金力のある球団が他球団から強打者、好投手を集めて手っ取り早く勝とうとするのもそのためだ。

しかし、今一度、結果の裏側にあるものを考えてほしい。

それはプロセスにほかならない。プロ野球の「プロ」は「プロフェッショナル」だけでなく、「プロセス」も意味すると私は考える。きちんとしたプロセスを踏むからこそ目指す結果にたどり着くことができるのだ。

当然、時間はかかる。だが、それは人を育て、組織を強くするために必要な時間なのだ。私が人材育成にあたり、野球の技術論ではなく、人間教育から入るのもそれが正しいプロセスだからである。そうして育った人材が揃い、組織が強くなるには最低でも3年はかかる。目の前の結果を求めすぎると、たまたま優勝はできても、常勝軍団とはならない。

プロセスの重要性は試合においても言える。

試合におけるプロセスとは「準備」のことであり、私は選手にこれを厳しく説いた。

たとえば、バッターはいかなる準備をすべきか。

得点差、アウトカウントやボールカウント、ランナーの有無、相手投手の特徴、タイプ、心理状態、バッテリーの配球……。これくらい頭に入れるのはプロなら当たり前であり、その結果、「ストレートを狙う」と決めたとする。しかし、これでは準備は不十分だ。

さらに「ストライクのストレートを狙う」「バットのヘッドが下がらないように」という程度の準備はしてほしい。

もちろん、これだけ準備しても絶対に打てるわけではない。いやしくも相手はプロのピッチャーだ。簡単に打てるようなボールはそうそう投げてはこない。けれど、打てる確率は何も準備をしていない状態より数段高まる。

しっかり準備したうえでの失敗は次へとつながる。準備なしにたまたま打てたケースより、準備をしても打てなかったケースを私は評価する。それがプロセス重視の野球だ。

NOMURA'S METHOD

No.039

「満足」、「妥協」、「自己限定」は禁句である。

元来、データや数字が好きなので、世論調査などが新聞に出ていると、つい見入ってしまう。2016年の世論調査によれば、現在の生活に満足している人は、「満足している」「まあ満足している」を合わせると、約7割にも達している。

できれば、プロ野球選手に対してもこういう意識調査をどんどん実施してほしい。自分が置かれた現状に満足している選手はどのくらいいるだろうか。私の実感では一軍選手の5割くらいはそう思っていそうな気がする。しかし、プロ野球選手がそれでは困る。

なぜなら、満足は成長の最大の敵であるからだ。

「これだけの成績を残したから」「レギュラーになったから」と満足してしまえば、「これ以上辛い思いはしたくない」「この程度でいい」と、低い次元で妥協することになる。一度妥協してしまうと、あとは「もう限界だ」「俺はこんなもんだ」と考え、自分の力を限定するだけだ。それ以上の努力をしなくなり、結局、一流の域には到達しない。

ドラフト上位でプロに入ってきた選手でなかなか芽が出ないのは、この「満足→妥協→自己限定」の負のスパイラルに陥っているケースが多い。

私の南海時代のチームメートに皆川睦男《みながわむつお》というピッチャーがいた。プロ3年目でアンダースローに転向し、毎年2ケタ勝てるレベルにはなった。しかし、20勝には届かない。左バッターにからっきし弱いのだ。正捕手だった私は彼を一段上のレベルに飛躍させたかった。

「皆川、おまえ、今の自分をどう思う？」

「まあ、自分なりに精いっぱいやっているとは思うけど」

「でも、左の強打者にはカモにされてるじゃないか。だから20勝できないとは思わんか」

「もちろん20勝はしたいよ。けれど、この歳でこれ以上、ボールが速くなるわけじゃないしなぁ……。ひょっとして、おまえ、秘策でもあるのか？」

このとき私が皆川に提案したのは小さなスライダー、今でいうカットボールを習得することだった。これをマスターすれば彼の持ち味であるシュートも生きると考えたからだ。

皆川は早速キャンプから小さなスライダーの練習を始め、私もそれにつき合った。そしてこれをものにした皆川は張本勲らパ・リーグの左の強打者を牛耳り、シーズン31勝をマーク。プロ野球界「最後の30勝投手」として今もその名を残している。このとき皆川は33歳。現状に満足しなければ、いくつになっても成長できるという見本である。

NOMURA'S METHOD

No.040

言い訳は進歩の敵。

試合でミスをしたとき、当事者である選手の対応は実にさまざまだ。

ただボーッとしている選手もいる。「すみません」とひと言謝る選手もいる。何も言わず、ひとりで悔しそうにしている選手、気がやさしいのか「すみません」を何度も繰り返す選手もいる。陽気な外国人選手は片言の日本語で「ゴメンナサイ」と言う。

怖い表情で押し黙り、「クソーッ」という表情をしている選手は、意気に燃えるタイプが多い。

一番いいのは「クソーッ」と悔しがり、すぐに冷静さを取り戻して「すみません」と口にできるタイプだ。素直であるのは評価できるが、「すみません」と口にしたとたん、それで一件落着し、まったく悔しさが残っていないタイプも困る。

さらに厄介なのは、「人間だから、ミスぐらいするさ」と開き直っているタイプだ。チームに悪影響を及ぼす。

しかし、もっと始末に負えないのは言い訳をする選手だ。

ノックアウトされてベンチに戻ってきたピッチャーを例に説明しよう。

「なんで、あそこで真っすぐを投げた？　あいつは真っすぐには滅法強いから注意せいと、散々言っただろ」

ここで「すみません。次は気をつけます」ぐらい言えればいい。ところが、

「前の打席も真っすぐを凡打してくれたし、今日は球が走っていたので……。それに、キャッチャーのサイン通り投げただけですから……」

と、長々と言い訳が続く選手がいる。申し訳ないが、このタイプはある段階で成長はストップしてしまう。なぜなら、ミスや失敗の原因を冷静に分析することもなく、責任転嫁や自己弁護に一生懸命なだけだからだ。失敗から学ぼうという姿勢がない。

それに、ツキや運と言うのは不思議なもので、愚痴をこぼしたり、言い訳ばかりしている人のところへはやってこない。

ことわざに「天は自ら助くる者を助く」とあるではないか。人に頼らず、人のせいにはせず、自分で努力する人に幸運の女神は微笑むのだ。幸運の女神は言い訳や愚痴を一番嫌うだろう。野球選手に限らず、素直に「すみません」「ありがとう」と言える人であってほしい。「すみません」のひと言は、その後に続きそうな言い訳を断ち切る効用があると私は考えるのだが。

NOMURA'S METHOD

No.041

基本は繰り返すことに意味がある。

私が南海で監督をしていた頃、内野守備についてはヘッドコーチのブレイザーに面倒を見てもらっていた。ブレイザーのノックは正面のやさしいゴロばかりだったので、たまりかねた選手の1人が「左右に散らすゴロも打ってほしい」と注文をつけたことがあった。

ブレイザーが「正面のゴロが完璧に捕れるようになるまでは、左右のノックはしない」と答えると、その選手も食い下がった。

「それじゃあ、あなたのようなファインプレーができないじゃないか」

これに対するブレイザーの返答は明快だった。

「正面のゴロを完璧に処理できる、つまり基本的なことがしっかりできるようになったら、あとはダッシュ力さえつけば、あんなプレーは誰でも可能だ」

事実、ブレイザーのやり方で南海の内野守備は目に見えて向上していった。

ヤクルト時代のユマキャンプでも守備の基本について考えさせられる出来事があった。たしか私の監督3年目、1992年だった。

アトランタ・ブレーブスのキャッチャー出身のコーチ、パット・コラレスに古田を指導してもらった。彼は2年前にも来ており、古田の成長には目をみはった。しかし、「一つだけ不満がある。彼はキャッチャーゴロを両手でとらなくなった」と注文をつけた。

古田は反論した。

「基本は基本でよくわかります。けれど、自分は片手でゴロを捕ったほうが素早いプレーができるし、自信もあります」

コラレスの「100％エラーしないと断言できるか」という問いかけに古田は答えた。

「99％は成功する自信があります」

このとき、コラレスは古田を叱りつけたのだ。

「ということは、必ず1％はミスをするということじゃないか。その1％でチームが負けてしまったら、どうするのか」

古田はもう反論できなかった。

私は人間だからミスは犯すものだと考えるが、メジャーはそのミスを防ぐための練習とプレーを繰り返す。そこに妥協がないのである。日頃、選手に厳しいことを要求しながら、古田の片手捕りを黙認していた私は自分の甘さを恥じるしかなかった。

【第三章】勝てるリーダーの条件

NOMURA'S METHOD

NOMURA'S METHOD

組織はリーダーの力量以上には成長しない。

No.042

阪神の監督になって2年目の2000年夏、私は当時の阪神オーナー、久万俊二郎オーナー氏と面会し、激しく詰め寄ったことがあった。

「阪神が低迷している原因は、オーナーのあなたにあります。なぜなら、組織はリーダーの力量以上には大きくならないからです」

オーナーに対し、あえてこんな辛辣なことを言ったのは、当時の阪神が戦力の補強にほとんどお金を使おうとせず、「エースと4番を獲ってください」という私の希望を叶えてくれようとはしない現実があったからである。

当時は逆指名制度が存在し、資金力とスカウトの努力しだいで大学生、社会人の即戦力選手が獲得できたにもかかわらず、阪神は他球団と競合すると、すぐに降りてしまう体質があった。

加えて、オーナーは「監督を代えさえすればチームは強くなる。優勝できる」と思い込み、フロント陣も勝てない理由をすべて監督に負わせてきた。監督が1年、2年で更迭されることも珍しくなかった。

そこで私はクビを覚悟で、オーナー自らの野球観を変えること、さらには球団の心臓部ともいうべき編成部の改革を直訴したのである。

3時間に及ぶ会談後、久万オーナーはこんなことを言ったらしい。

「野村の言うことはいちいち腹が立つ。しかし、もっともなことばかりだ」

私の提言があったからかどうかはわからないが、その後、阪神は変わった。編成部を改革し、ドラフトでの即戦力指名やFA補強にも積極的になった。オーナーの鶴の一声があったことは容易に想像がつく。つまりオーナーの意識が変わったのだ。こうして阪神の体質は改善され、それが私の後を継いだ星野仙一のもとでの18年ぶりのリーグ優勝にもつながった。

こんな話を持ち出したのは、自分が阪神監督として3年連続最下位に終わったことの言い訳をしたいからではない。「組織はリーダーの力量以上には成長しない」という組織論の大原則を言いたかったのだ。

これは現場を預かる監督にもいえることだ。監督が己に厳しく、つねに知識や情報の収集に努め、変化を恐れず成長しようとする姿勢を見せなければ、選手はついてこない。

さらに、この大原則は常時試合に出ているレギュラー選手にも当てはまる。人格面でもチームを牽引するような中心選手の力量が伸びない限り、組織は強くならない。

NOMURA'S METHOD

手を抜くな。見るべき人が必ずどこかで見ている。

No.043

　現役を引退し、野球評論家になってまもなく、評論家でありジャーナリストでもある草柳大蔵先生にアドバイスを求めたことがあった。野球の世界しか知らない私にこの先何ができるのか、どんな生き方ができるのか、不安で不安でしかたなかったからだ。

「野村さん、ものが見えない人が千人いれば、ものが見える人が千人います。見ている人はどこかで見ているということです。だから、どんな小さな仕事も絶対に手を抜いたらダメ。全知全能を駆使して最善を尽くしなさい。そうすれば必ずいいことがあります」

　このとき草柳先生からいただいた言葉を思い出したのは、評論家生活も9年を経過しようとしていた1989年の秋だった。ヤクルトの相馬和夫球団社長が私を訪ねてきた。

「野村さんにうちの監督になっていただきたいと思います」

　南海では8年間監督を務めた。しかし選手兼任であり、本当に自分がやりたい野球を実現できたとは言えなかった。だから、評論家としてそれまでとは異なる角度から野球を学び、少しずつ野球の本質が見えるようになり、いつかは監督に復帰したいと思っていた。

しかし、私はパ・リーグ育ちの人間だ。ましてヤクルトとは縁もゆかりもない。それ以前に私は人間関係が苦手で、処世術も持ち合わせていない。だから、相馬社長に聞いた。

「なぜ、私なんですか？」

相馬社長の答えは明快だった。

「野村さんの解説も聞きました。評論も読ませていただきました。おかげで私も『野球とはこうやって戦うものか。こうすれば勝てるのか』が少しはわかったような気がします。こんな方にヤクルトの監督になっていただき、うちの選手にホンモノの野球が何かをじっくり教えていただきたいのです」

このときの相馬社長の言葉が、現役26年、評論家9年に続く私の第3の人生、つまり専任監督の始まりを告げることとなった。相馬球団社長の信頼と後ろ盾もあって、ヤクルトでは9年の長きにわたって監督を務めることができた。

昨今は生え抜きのスター選手であることを優先したり、人間関係や縁故から監督が選ばれたりすることが多く、相馬社長のような考え方ができる人物はもはや少数派かもしれない。しかし、組織のトップたる方には「ものが見えない千人」ではなく、「ものが見える千人」の側にいてほしいと考えるのは私だけではないはずだ。

NOMURA'S METHOD

ポジションが人をつくる。

No.044

「地位が人をつくる」ということわざがある。人はそれなりの地位につけば、その地位にふさわしい人物へと成長していくという意味である。これをプロ野球の世界にあてはめれば、「ポジションは人をつくる」というのが私の考えである。もっと言えば、現役時代についていたポジションによって監督としての力量も見えるということだ。

かつてプロ野球の三大監督と言えば、三原修さん（巨人、西鉄他）、水原茂さん（巨人、東映他）、鶴岡一人さん（南海）だった。その次の世代の名監督が川上哲治さん（巨人）、西本幸雄さん（阪急、近鉄他）である。この5人に共通するのは全員、内野手出身だということだ。

巨人のV9以後はどうか。1974年から2016年までの43年間、監督の出身ポジション別に日本一になった回数を数えると、以下のようになる。

捕手……13回
投手……7回

内野手……19回（ロッテの西村徳文は外野も守ったが、もともとは内野手）
外野手……4回
この数字で明らかなように、捕手出身と内野手出身の監督だけで8割近くを占めている。自慢するわけではないが、捕手出身監督に日本一の回数が多いのは必然だ。捕手は扇の要と言われるように、1人だけバックネットに背を向け、ダイヤモンド全体を見渡している。守っているときは捕手が監督の代行をしているのだ。投手の配球を考えるのは捕手であり、捕手が指を1本出すか、2本出すかで試合の展開はガラッと変わってしまう。
他にも考えなくてはいけないことはたくさんある。たとえば、相手チームの監督はどんな作戦を考えているのか、バントか、盗塁か、強攻策か。監督の性格まで読まなくてはいけない。さらに、打順はどうか。控えにはどんな選手がいるか。そういった先々のことを常に考えるので、自然と洞察力や先見力が備わっていく。だから、捕手出身者が監督をすると勝率が高くなる傾向にある。
内野手も互いに連係プレーが必要だし、バッテリーの配球によって守備位置も変える臨機応変さが求められる。外野手に比べれば、考えることもはるかに多い。つまり野球というのは内野にいる6人でほとんどが行われているのだ。ただし、内野はポジションが4つあるのに対し、捕手は1人。内野手出身監督の数が多いのは自然である。

NOMURA'S METHOD

No.045

投手出身、外野手出身に名監督なし。

前項の続きである。

ポジションが人をつくるという点で一番わかりやすいのがピッチャーだろう。ピッチャーは1人マウンドに立って相手チームと対決しなければいけない。孤独であるのはもちろん、わがままにもならざるを得ない。ましてプロに入っているようなピッチャーのほとんどは中学・高校時代はエースで4番だ。ワンマンになって当たり前だし、そもそも「俺が俺が」というタイプでなければ、ピッチャーという仕事は務まらないのだ。

金田正一しかり、江夏豊しかり、鈴木啓示しかり、東尾修しかり…。

それと、あのマウンドの高さも人間形成を左右しているような気がする。1人だけ一段高いところに立って常に上から他の選手を見下ろしている。しかも見えるのはバッター中心の風景でしかないから、非常に視野は狭い。

こうした点を考え合わせる限り、私にはピッチャーが監督向きとは思えない。監督の仕事とは大まかに言えば、「勝つ」という目的のために「方針」を立てることである。自軍の選手の能力と状態を知り、相手チームの戦力を把握し、さまざまな想定のもとに「方針」を立てなくてはいけない。毎試合それを繰り返すのである。そうした細々とした仕事にワンマンタイプの人間が向いているとはどうしても思えない。

監督向きでないのは外野手出身も同じだ。

基本的に外野手はほとんど頭を使わなくていいポジションだ。前を守るか、後ろを守るか。まちがったところを守っていれば、ベンチから指示が出る。内外野の連携もあるにはあるが、内野手ほどの緻密さは求められない。1試合に1度も打球が飛んでこないこともあるし、守備位置でイメージバッティングを繰り返している選手を見たこともある。

日本語でも「外野」と言ったら、「部外者」や「第三者」という意味もある。野球においてもまさにそういうポジションなのだ。

私も生涯に1度だけ、わずか5イニングではあったが、外野を守ったことがある。キャッチャーとしてサインを出すのが怖くなり、鶴岡監督に相談したところ、「外野に行け」と言われたのだ。そのとき外野から見た景色にはたとえようのない違和感があった。バッテリーまでの距離が遠すぎて、野球をしている実感がない。「部外者」であることを痛感させられた。もし私が外野手だったら、間違いなく監督にはなれなかったと思う。

NOMURA'S METHOD

名コーチ、必ずしも名監督ならず。

No. 046

「名選手、必ずしも名監督ならず」とはよく言われることだ。現役時代にどんなに素晴らしい成績を残したからといって、どんなにスーパースターだったからといって、名監督への道が保証されるわけではない。われわれ球界の人間も、野球ファンも、名選手が名監督にはなれなかったケースをこれまでに何度も見てきた。

にもかかわらず、近年の監督選びを見ていると、相も変わらず現役時代の人気や成績が優先される傾向が強い。スター選手は監督にしなければいけないような風潮さえある。つまり、選ぶ側に責任があるのだ。球団オーナー、球団社長にはもっと監督としての能力、適性を見抜く目を持っていただくことを切に願いたい。

名選手イコール名監督ではないように、名コーチも名監督になれるわけではない。

鶴岡一人さんには蔭山《かげやま》和夫さん、川上哲治さんには牧野茂さんがいたように、名監督には名参謀がつきものだ。私が選手兼任監督だった南海時代はブレイザーという頼りになる〝頭脳〟の存在があった。

あるいは〝優勝請負人〟と呼ばれ、多くの球団で数多くの名選手を育てた人も少なくない。青田昇さん、山内一弘さん、中西太さんはその代表だろう。

しかし、彼らはいずれも監督としては成功していない。私をサポートしてくれたブレイザーも、阪神で2年、南海で2年監督を務めたが、4シーズンともBクラスに終わっている。

では、名コーチが名監督になれない理由はどこにあるのか。

それはコーチと監督では求められるものが違うからだ。コーチは野球の知識や技術を選手に伝え、その才能を伸ばすのが最大の仕事である。一方、監督は作戦を立てて選手を起用し、意のままに動かし、優勝に向けてチームをマネージメントしていかなければならない。

そこには知識や技術だけではない、リーダーシップ、決断力、選手をその気にさせる人望や度量など、野球以外の人間的な魅力やスケールも必要になってくる。鶴岡さんとブレイザーでは、そのあたりは比較にならない。

川上さんの9連覇を支えた名参謀・牧野茂さんはとうとう監督にはならなかった。牧野さんに監督就任の要請がまったくなかったとは考えづらい。おそらく要請があっても固辞したのだろう。牧野さんは「名コーチ、必ずしも名監督ならず」を承知し、自分が川上さんにはなれないことを自覚していたのである。

NOMURA'S METHOD

肩書は人と人の距離を変える。

No. 047

プロ野球には監督より難しい仕事がある。それは選手兼任監督、いわゆるプレーイングマネージャーだ。選手不足に加え、野球の戦術がそれほど複雑ではなかった戦後間もない時代には、鶴岡さんをはじめ、水原茂さん、中島治康さんら数多くのスター選手が監督を兼任したものだ。しかし、1970年以降に限れば、私と村山実、古田敦也、谷繁元信の4人しかいない。

そのうち3人がキャッチャーなのは「守りにおいて監督の分身でもあるキャッチャーが最も監督に向いている」という私の持論にかなっている。

ただし、私の経験から言って選手兼任は激務である。古田は兼任の2年間で合計46試合にしか出ていない。谷繁も兼任時代の2年間で成績がよかった年でさえ出場試合数は100を割り、ホームランはわずかに1本。2人とも監督としては優勝もできなかった。

幸いなことに、私は監督を兼任した8年間、選手としてほとんど試合に出続け、打点王とMVPも獲得した。リーグ優勝も1度経験できたし、6度のAクラス入りを果たした。

しかし、時代が違う。今は私の頃とは比較にならないほど野球が緻密になり、進化している。監督に求められる決断も多い。

選手兼任監督をするなら、私がブレイザーを抜擢したように、有能なヘッドコーチを置かなければならない。しかし、古田は伊東昭光を、谷繁は森繁和をヘッドコーチにした。ともにピッチャー出身。ピッチャー出身者が監督向きでないのは既述の通りだ。本来なら、広い視野で野球を見られる内野手出身の経験豊富な人間をヘッドコーチに充てるべきだった。

古田、谷繁とも人間力の問題もある。古田はああ見えて縁の下の力持ちというより、目立ちたがりの、どちらかといえばピッチャータイプの性格だ。

一方の谷繁には苦労が足りない。甲子園のスターとしてドラフト1位で横浜入りし、1年目から一軍にフル帯同した。キャッチャーは一人前になるのに最も時間を要するポジションだ。谷繁のためにも1年や2年は二軍でじっくり鍛えるべきだった。

選手も兼任監督とはやりにくいようだ。私もマスクを被った試合で「監督のサインには首を振れません」としばしば言われた。「首を振ってもいいんだぞ」と何度も言ったのだが、相手が監督だと思うと、どうしても遠慮してしまうらしい。微妙に距離感が違うのだ

リーダーは肩書が人と人の距離感を微妙に変えることを自覚すべきだ。つまり、リーダーはそんな部下の気持ちの変化に敏感でなければならない。

NOMURA'S METHOD

信は万物の基を成す。

No. 048

監督に限らず、組織のリーダーに最も求められるのは、部下にとって信頼できる人物であるかどうか、つまり人望だ。プロ野球であれば、

「この監督の言うとおりにやれば、きっと勝てる」

「この監督についていけば大丈夫だ」

と、選手に思わせることが大切であり、そのためには野球に関する深い知識や理論だけでなく、度量や風格、判断力、決断力が備わっていなければならない。さらに人として尊敬できる人物であるかどうかが問われる。

ただし、信頼とは選手に好かれることではないし、選手と仲良くすることで得られるものではない。逆である。

信頼とは闘いのなかで築かれるものだ。

監督はまず「私は優勝するために、こういう野球を目指している」という理想やビジョンを選

手に提示し、それを現実のものとするために戦略・戦術を立て、選手を動かさなければならない。しかし、最初からうまくいくことはまれであり、選手も最初から監督が思うように動いてくれるわけではない。結果が出ない状態が長引くと、チーム内に不満、不信が生まれる。

それでも選手に迎合することなく、自分の理想とする野球を説き続け、理解させるのである。敵チームとの対戦が真剣勝負であるように、選手とも日々、真剣勝負だ。信頼とはこの真剣勝負の過程で生まれるものである。

つまり、味方であるはずの選手に勝てなければ、本当の敵には勝てないのだ。

監督もまた、いざという場面では選手を信頼しなければいけない。

リーダーであるなら、責任の所在は自分にあること、部下である選手を信用していることを言動で示す必要がある。

「ここはお前しかいない。あとは頼むぞ」

「この場面はお前に任せた」

それくらい言える覚悟をもっているのがリーダーである。

人は信頼されたとき、それに応えようと奮起する。責任は自覚となり、大事な場面で能力を発揮できるようになる。覚悟のあるリーダーのもとでこそ、選手は覚悟を持ってプレーできるようになるのだ。「信は万物の基を成す」とはそういうことである。

NOMURA'S METHOD

分を知って、分に生きる。

No. 049

私が監督時代に、常に念頭に置いたのは「分を知って、分に生きる」という考え方だった。

弱者は弱者であることを冷静かつ客観的に認識し、強者に対するには何をすべきかを考えなければならない。弱者には弱者の戦略・戦術があるということだ。それができれば、強者に勝つことは不可能ではない。

「分を知って、分に生きる」ためには謙虚さ、素直さ、繊細さ、慎重さが求められる。そのうえで、戦うときは勇気をもって大胆に敵に向かっていく。弱者が強者に向かっていくときには相手の弱点を見つけ「一点重点主義」で徹底的に攻めていく。そこに何を仕掛けてくるかわからない奇策を組み込めば、心理戦においても優位に立てる。

弱点は根拠のあるデータとして、より具体的に選手に伝えなければならない。

たとえば、私がヤクルト時代に戦った巨人は打線に長距離砲が並んでいた。だから、バッテリーには無駄な四球と本塁打は極力与えないように気をつけさせた。「このバッターはここへ投げると本塁打を打たれる確率が高い」「ここへ投げれば、まず打たれない」というデータを示し、選手に優位感を植え付けたのである。

優位感を植え付けるためには監督の力量が問われる。選手たちはその点については非常に敏感である。だから、監督として弱みや隙は見せられない。

兵法の書として名高い『孫子』には敗北を招く要因として「走」「弛」「陥」「崩」「乱」「北」の6つが挙げられているが、私はそれぞれこう解釈している。

「走」とは無謀な戦いをして自滅すること。

「弛」とは監督の能力が劣るために選手が能力を発揮できないこと。

「陥」とは選手が未熟であること。

「崩」とは監督とコーチの意見が合わず、チームが方向性を見失ってしまうこと。

「乱」とは組織の統制がとれないまま、選手がバラバラになること。

「北」とは敵の状況を分析する能力や認識や計画性に欠けること。

どれも監督とコーチ・選手の関係を示すものである。二千数百年以上も前に、敗北は不可抗力によるものではなく、チームの将たる監督の過失によって生じるのだと言っている。

「分を知って、分に生きる」とは「走」「弛」「陥」「崩」「乱」「北」の6つの状態を明確に認識し、そのような状態に至らないように努めることでもある。

NOMURA'S METHOD

「和して動ぜず」を貫け。

No. 050

日本で最もよく知られる中国の思想家は孔子だろう。『論語』は孔子と彼の高弟の教えを弟子たちがまとめたもので、今も日本のリーダーに好んで引用されることが多い。つまり、今から2000年以上も昔から組織論、リーダー論の要諦は変わっていないのだ。私もしばしば引用させてもらっている。

「君子は和して動ぜず、小人は動じて和せず」

これも『論語』の一節である。

君子とは立派な人、すぐれた人のことで、小人は文字通り小さな人間、つまらない人物のこと。「すぐれた人物は人と調和はするが、むやみに人に従ったりはしない。つまらない人物は簡単に同調するが、全体の調和に心を配ることはない」という意味になる。調和はバランスのよいまとまり、同調はただ群れているだけの、付和雷同の状態と言っていい。

組織のリーダーであるなら、当然、「和して動ぜず」の精神を貫かなければならない。その部下もまた「和して同ぜず」であってほしい。そこからチームに貢献するための自己犠牲も生まれる。もし、選手が「同じて和せず」であるようなら、「和して同ぜず」の方向に仕向けるのがリーダーの役目である。

私は現役時代から人と群れるのが好きではなかったし、監督になっても選手やコーチを食事に連れて行ったり、飲みに行ったりは一切しなかった。そもそも選手に好かれようとは思っていないし、日頃そういうことをすると、いざというときに判断がにぶる。もし、特定の選手を連れて行けば、ほかの選手がひがむにきまっている。それが派閥にもつながっていく。

普通、別の球団で監督を務めることになった場合、決まったコーチを連れて行くものだが、私はヘッドコーチを除けば、それもしなかった。

コーチに〝野村色〟をつけたくなかったのだ。

彼らは永久に私の下で仕事するわけではない。一度でも「あいつは野村派だ」というレッテルを貼られてしまえば、どんなに指導者としての能力があっても他球団や別な監督からは声がかかりにくくなる。

それはそのコーチの可能性を狭めることにしかならない。だから、選手だけでなく、コーチとも一線を画し、「和して同ぜず」を通したのである。

NOMURA'S METHOD

No.051

聞く力を磨け。

かつて私は色紙に「耳順《じじゅん》」と書いていたことがあった。

もちろん、「耳順」は『論語』の有名な一節「六十にして耳順《みみしたが》ひ」からの言葉。「60歳で人の言うことを逆らわず素直に聴けるようになった」といった意味である。しかし、私は元来が無知無学なので、60歳どころか、この年になっても人の話に耳を傾ける。

あらゆる分野の人、あらゆる階層の人の話が面白くてたまらない。なぜなら、その人の話を聞くことで、自分の無知が一つ減って、わずかながらも進歩・成長できるからである。その限りにおいては、人はいくつになっても、知りたい、聞きたいという前向きな気持ちさえ失わなければ、成長できるということである。

私は監督時代、選手たちに「無知を自覚しなさい」「野球以外のさまざまなことを知ることにより、その無知は自覚できる」と口やかましく言った。

事実、たくさんのことを知り、さらに何かを知ろうと心を開いていないと、無知であることにさえ気がつかないのだ。

たとえば、図書館や大型書店に行って途方にくれることはないだろうか。自分が少々本を読んで勉強したからといって、そんなものはたかが知れている。巨大な空間に整然と並んだ膨大な本を眺めていると、自分の無知を嫌でも実感せざるを得ない。だから、もっと知りたい、もっと勉強しなければと思うのだ。

指揮官であっても無知を自覚し、聞く力を磨かなければならないのは同じである。むしろチームの指揮官たる監督にこそ求められる資質だろう。

なぜなら、選手から「この監督についていけばいい」という信頼を得るには、まず「うちの監督は研究熱心でよく勉強している」「知っているのは野球のことだけじゃない」と思われることが必要だからだ。選手はそのあたりをよく見ている。

「耳は大なるべく、口は小なるべし」という言葉がある。耳は知識や情報を知るために大きく開き、口は余計なことをしゃべりすぎないように小さくしておけという意味だ。「口は小なるべし」は監督や評論家の仕事には必ずしも当てはまらないが、こう解釈したらどうだろうか。「聞いたことを吟味、咀嚼したうえで、伝えるべき人に的確に話せ」

いずれにしても、聞く力のある人は成長する。逆に「口は大」なのに、耳を閉じ、自分の世界観、価値観のなかに閉じこもっている人は、いくら年齢を重ねても成長しない。

NOMURA'S METHOD

損をしたくないと思うと、損をする。

No.052

プロ野球の監督にはケチだと言われている人が少なくない。

有名なのは阪神の監督だった吉田義男さんで、煙草のフィルターにまで自分の名前を書いていたという話をよく聞くのだが、真偽のほどはさだかではない。

広岡達朗さんも財布を持たないことで有名だ。球場などで一緒に話すときはいつも広岡さんの分のコーヒーも注文したが、一度も「おれが払うよ」と言ってくれたことはない。

個人的に話をする機会の多かった森祇晶もケチで知られる。

彼が巨人の正捕手だった時代、日本シリーズの前になると、私のところにやってきてはパ・リーグ優勝チームの情報を聞き出していくのだが、菓子折り一つ持ってきたことがなかった。わが家がリフォーム中のときも、私が「どこかホテルでも予約したほうがいいんじゃないか」と提案しても、結局、彼の意向により部屋の片隅で膝を突き合わせた。

話が終わり、レストランに食事に行くのだが、支払いは私である。私がよほど高給取りだとでも思っていたのだろうか。どうやら、川上さんも吝嗇家《りんしょくか》らしい。

意外なところでは、古田敦也がケチである。選手同士で食事に行く場合、この世界では一番の高給取りが全員の食事代を払うのが習わしなのだが、現役時代に彼は一度も払ったことがなかったそうだ。私に言わせれば、こういうところで評価を落とすのはもったいない。払わないなら、一緒に行かなければいいのだ。若い選手を幻滅させるだけである。

彼が選手兼任監督を2年務めただけで、その後、監督の声がかからないのも、案外こんなところに原因があるのではないか。野球知識や経験、実績は申し分ないのに、今一つ人望がないのだ。

損をしたくないと思うと、結局は損をするのである。

さて、私自身はどうか。貧困家庭に育ったために、お金を持つとすぐに使いたくなってしまうタイプ、浪費家である。今も美味しいものと高級時計には目がない。

ただ、見た目の印象からか、ケチだと噂されたことがある。しかし、そうでないことは選手やコーチが知っている。ヤクルトでコーチをした角盈男《すみみつお》が、ある雑誌で「野村さんはケチじゃない。むしろ太っ腹。噂っていいかげんですよ」と語ってくれたこともあった。彼がピッチャーを集めて意思疎通を図るための会食をするというので、何度かカンパしたのである。

試合で活躍した若手選手に、監督賞としてこっそり10万円を渡すこともあった。どこかの金満球団とは違って、もちろんポケットマネーである。

NOMURA'S METHOD

No.053

感情に走ると勝利はこぼれ落ちる。

現役時代に私がキャッチャーとして〝ささやき戦術〟を度々用いていたことは、野球ファンならご存じかと思う。

これは、どんな強打者もふとしたひと言で動揺することがあるからだ。たとえば、私がバッターボックスに立つ選手に「お前さん、カーブを待っとるな」と、ボソッとつぶやくとする。この場合、まったくの当てずっぽうでいい。

当たっていれば「読まれている」と焦りを感じるだろうし、仮に外れていても「読まれてはいない。だが、どうしてこんなことを言うのか……」と疑心暗鬼が生じ、小さな心の乱れが集中力をそぐこともある。そうなれば、こっちの思うつぼだ。

私の経験では感情の起伏が激しい選手、怒りっぽい選手ほど、効果があった。

東映（現日本ハム）の大杉勝男はその典型だった。張本勲とクリーンアップを組み、本塁打王、打点王も獲得したスラッガーだ。いい選手なのだが、とにかく気が短く、ケンカっぱやい。私が

あまりブツブツささやくので、

「うるせい！　黙れ！」

と怒鳴り返してきたことがあった。私は計算ずくで、さらに大杉をカッカさせた。

「先輩に対してその口のききかたは何だ！」

ますますエキサイトする大杉を審判がなだめることになったのだが、私はこの時点で勝負あったと思った。結果は、高めのボール球を振って、あっさり空振り三振だった。

野球は人間と人間が競い、闘うスポーツだから、そこには感情や性格といった心理的な要素がどうしても働く。しかし、怒りにまかせて、自分を失ったら負けである。興奮して審判に嚙みついたり、乱闘騒ぎを起こしたりして退場になる選手がいるが、それは自分が置かれた立場がわかっていないということだ。もし主力選手なら、大きな戦力ダウンである。

監督も同様である。金田正一さんや大沢啓二さんのように、審判に抗議して退場を繰り返した監督もいた。選手にハッパをかけるという意図もあったのだろうが、私に言わせれば、職場放棄である。指揮官がすべきことではない。

私は現役時代も監督になってからも、めったに怒ったり、怒鳴ったりしなかった。それは自分の経験から「勝負は感情的になったほうが負ける」「感情に走ると勝利はこぼれ落ちる」と考えるからである。

NOMURA'S METHOD

地球は縁で回っている。

No.054

「故旧は 大故なければ 即ち棄てず」

これは『論語』に出てくる言葉だ。「昔なじみの人、縁のある人はよほど大きな理由でもない限り、見捨ててはいけない」という意味である。縁ある人は大事にせよ、ということだ。そもそも私自身、縁あって監督になったのであり、その下でプレーしてくれる選手すべてと縁があるとも言えるだろう。

選手はよほどのことがない限り、監督を選べない。だとすれば、監督は細心の注意を払って選手を見守り、適切なアドバイスをし、成長の道筋を示すことが求められる。選手との縁を大切にしなければならない。

私が強い縁を感じる選手のひとりが、ヤクルトから日本ハムに行って、42歳まで活躍した稲葉篤紀である。1994年、私はたまたま愚息の所属する明治大学と法政大学の試合を3試合見た。稲葉はそのうち2試合でホームランを打ったのだ。彼の大学時代の通算ホームランは6本しかないのだから、これはまさに縁だった。

この年のドラフト会議で、私はスカウトに「即戦力になりそうな左バッター」を希望していた。しかし、スカウトはこれという左バッターがいないという。そこで私のほうから「法政の稲葉を獲ってほしい」と提案したのである。

ドラフト3位での指名だったが、幸いにして彼は努力と才能でヤクルトの主軸を打つまでに成長した。日本ハムでもチームリーダーとなり、WBCでは4番も打った。

古田敦也とも縁があったのだと思う。私のような捕手出身の監督と出会ったのは幸運だったはずだ。入ってきたばかりの頃は、肩は一流、バッティングは二流、リードは三流の選手だった。

それでも私は彼に感性の豊かさを感じ、正捕手に育てる気になった。

「おまえには8番を打たせるから、まず配球の勉強をしろ。打つ方は2割5分でいい」

おそらく、他のチームに行っていたら、守備要員で終わっていただろう。

非科学的と思う方もいるかもしれないが、私はリーダーたるもの「縁」には敏感になってほしいと考える。縁とは出会いであり、出会いはお互いに何かを変える力となる。

以前、『地球は女で回ってる』という邦題の映画があった。実際に作品を見たわけではないが、言い得て妙であると思う。これに倣って、私は『地球は縁で回っている』と主張したい。

NOMURA'S METHOD

No.055

リーダーは深沈厚重であれ。

ことさら昔を懐かしみ、持ち上げるつもりもないが、私が現役だった頃の名将と呼ばれた監督には威厳や風格や貫禄があった。プロ野球の監督でなければ出せないオーラのようなものを常に漂わせていた。

私は鶴岡一人監督の精神野球、根性野球は否定するが、鶴岡さんの威厳のかたまりのような雰囲気は今思うと魅力的だった。練習をしていても鶴岡さんがいないと、どこか気が緩むところがあるのだが、鶴岡さんが現れたとたんに場の空気が引き締まった。そこにいるだけで、「やらなければいけない」と選手全員に思わせてしまうのだ。

巨人の川上哲治監督にも似たような雰囲気があった。日本シリーズなどで相手チーム監督として遠目に見るだけだったが、川上さんがグラウンドにいるだけであたりの空気がピーンと張りつめたものである。

20年以上監督を務めながら、とうとう私には備わらなかったのが鶴岡さんや川上さんの風格だ。

ヤクルト時代を知る池山隆寛や宮本慎也は「ものすごく怖かったですよ」「いるだけで緊張しました」と言ってくれるが、本当にそうなのか、自分ではわからない。

翻って、現在の12球団を見渡したとき、風格や威厳がある監督が1人もいないのが気になる。爽やかさや明るさはあっても、どう見ても軽い。セ・リーグの監督などは全員まだ40代だから「風格や威厳などなくて当然だ」と反論されそうだが、私が南海で正捕手になった頃、鶴岡さんは40代前半だった。巨人の9連覇も川上さんが45歳のときに始まった。

中国の呂新吾《りょしんご》という思想家が名著『呻吟語《しんぎんご》』にリーダーの資質を順に3つ挙げている。

最もリーダーに適しているのは「深沈厚重《しんちんこうじゅう》」な者。ものごとに動じず、どっしり落ち着いて深みのある人物のことだ。

2番目は「磊落豪雄《らくらいごうゆう》」。細かいことを気にせず、器量が大きい人物である。

3番目が「聡明才弁《そうめいさいべん》」。頭が良くて、才能があり、弁が立つ人物だ。

一般的にはリーダーは頭が切れて、話すことがうまい人物がふさわしいと考えられがちである。しかし、そのような人物はしょせん3番手に過ぎない。

偉大な人に接すると、何も言わずとも、その人の風貌や雰囲気、何気ない立ち振る舞いに感化されることがある。「深沈厚重」なるリーダーとはそのような人だろう。プロ野球界に限らず、政界、財界にもそんな人がすっかりいなくなった。

NOMURA'S METHOD

誠実であれ、謙虚であれ、紳士であれ。

No.056

メジャーリーグに行って成功した数少ない野手がイチローと松井秀喜である。ともに将来、日本で指導者となることが期待されているが、私が見てみたいと思うのは「監督・松井秀喜」だ。

イチローにはあまり期待していない。

すでに「外野手出身に名監督なし」と説いた私だが、松井にはそんな固定観念を覆しそうな可能性を感じる。理由は人間性にある。

巨人を退団後、名門ニューヨーク・ヤンキースに入団したのもよかった。名将ジョン・トーリ監督のもと、チームの勝利のために何が必要か、そのために自分はどんな役割を果たすべきかを明確に認識してプレーした。日本時代に比べホームランは激減したが、それでも名門チームのクリーンアップを任されたのはチャンスに強いだけでなく、チームバッティングを含め、自分の役割を心得ていたからだ。

その最大の成果が２００９年のワールドシリーズＭＶＰの活躍である。この経験も大きい。

さらに、現役の晩年はヒザの故障を抱え、チームを転々とした。このときの苦労が彼を一段と成長させたはずである。エリート街道を歩むだけでは、他人の痛みや苦しみは理解できない。一度はどん底を味わった経験がリーダーになったときにものをいう。

松井の人間性はインタビューからもうかがい知ることができる。奇をてらったことを言うわけではなく、言葉の端々に彼の謙虚さ、誠実さが伝わってくる。長嶋と2人で国民栄誉賞を受賞したときのスピーチも見事だった。今となっては「紳士たれ」という巨人軍のモットーを体現する最後のプレーヤーが松井だったような気がする。

一方のイチローは、人間性を評価しない。一番を打つことが多かったイチローは、本来、チームの脇役である。にもかかわらず、イチローは一貫して主役を演じようとしてきた。

メジャー16年間で通算3030安打という記録には頭が下がる。しかし安打数や打率に比べ、出塁率が低い。簡単に初球から打ってアウトになったり、カウント3ボールノーストライクとなっても四球を選ばず、ボール球を打って凡打に終わることも少なくなかった。チームプレーという観点からは超一流の選手とは呼べない。

マリナーズ時代、個人記録優先のスタイルがチームメイトの反感を買ったというのもわかるような気がする。松井のようにワールドシリーズ出場の経験もない。

リーダーに最も必要なのは現役時代の記録ではない。繰り返すようだが、人間性である。

NOMURA'S METHOD

縁起をかつぐのも悪くない。

No.057

１９７７年、私は南海の選手兼任監督を解任された。原因は女性問題。当時の私は前妻との離婚調停中だったのだが、それが成立する前から、今の妻である沙知代と同棲しており、それが球団から問題視されたのである。

解任された私はお先真っ暗。野球しかない自分にこれから何ができるのか、収入はどうするのか、考えれば考えるほど不安は大きくなった。息子の克則はまだ幼稚園児だった。

しかし、沙知代はいたって楽天的だった。

「今年が42歳の厄年なんだから、これも厄払いだと思えばいいのよ。この際、大阪を出て東京へ行きましょう。日本の中心は東京なんだから。きっと道も開けるわよ。何とかなるわよ」

彼女のご託宣に従い上京すると、ほどなくしてロッテから声がかかった。翌年には西武へ移籍し、45歳まで現役でプレーした。そして9年間の評論家生活を経て、ヤクルト監督へと、私の人生は続いた。彼女の言った通り、何とかなったのである。

沙知代は何かと毀誉褒貶のある女性だが、私が彼女の強さ、たくましさに助けられたのは確かである。同時に彼女に感化された部分もある。それが縁起かつぎだ。

1993年、ヤクルト監督として初めて日本一になったときの胴上げで、私がピンクのパンツを穿いているのが見えて話題になったことがあった。

実は、あの年の私のラッキーカラーが黄色とピンクだった。沙知代が懇意にしている占い師にたまたま会ったときに教えてくれたのだ。

それで日本シリーズでは黄色のパンツを穿いて1、2戦を連勝。第3戦で負けたので新しい黄色に穿き替えた。それで第4戦は勝ったが、第5戦に負けて、新しい黄色のパンツに。だが第6戦も敗れたので、第7戦はいよいよピンクを穿いたのである。

沙知代もこのシーズンは私以上に縁起をかついだ。かち栗を食べると勝つと言われて天津甘栗を食べ、柿は勝ちを集めるからと食べ……。酉年でもあったので夫婦で毎日のように鶏肉を食べた。こうした縁起かつぎにデータ的な根拠はない。私らしくないかもしれないが、勝ちへの執念がそうさせるのである。

「高山《こうざん》の巓《いただき》には美木《びぼく》なし」という。高い山の木は厳しい風雨にさらされる。人も上に立つと厳しい批判や中傷にさらされ、ときには足を引っ張られる。監督という職業は孤独なのだ。縁起をかつぐことで目の前が少しでも明るく見えるなら、まあ、悪いことではないと思う。

NOMURA'S METHOD

「責任は俺が持つ」の決め台詞を言えるか。

No.058

私が入った当時の南海は強かった。鶴岡一人監督はこの南海を23年間にわたって指揮し、リーグ優勝11回、日本一2回。通算1773勝は歴代1位の記録である。

南海が強かった要因はいくつかあるが、一つは鶴岡さん自ら選手の入団交渉に乗り出したスカウティング力である。アマチュア野球界との広く、深い人脈を駆使して、杉浦忠、渡辺泰輔、穴吹義雄ら大学球界のスター選手を数多く獲得。あの長嶋茂雄も契約寸前までいきながら、巨人にさらわれたのは有名な話だ。

もう一つの要因は、ヘッドコーチを務めた蔭山和夫さんの存在である。プロ野球が近代化していった60年代も南海が強豪でいられたのは、まちがいなく蔭山さんの〝頭脳〟があったからだ。確かな野球理論や技術論を持ち、自分が正しいと信じたときは、監督と衝突してでも選手の肩を持ってくれる人だった。

私がマスクをかぶった試合で、こんなことがあった。

一死一塁でボールカウント2-2。状況としてはヒットエンドランもあり得る場面だった。私はバッターがサードコーチのサインにかすかに頷くのを見逃さなかった。「これは走るぞ」と、ピンときたのである。そこで、ピッチド・アウト。ところが、ランナーはこの場面では走らず、結局は逆転ホームランをくらってしまった。

ベンチに帰ると、鶴岡監督から「バカたれ！」の罵声が飛んできた。

しかし、ヒットエンドランのサインが出ていたのは間違いない。相手は私にサインを見破られたと知って、サインを取り消したのである。そして結果は相手チームに都合よく転がった。納得できない私はこれを蔭山さんに話した。すると蔭山さんは、

「90％以上確信を持ったら、これからもピッチド・アウトしろ。責任は俺が持つ」

と言ってくれたのだ。これで私も迷いが一切なくなった。その後、私は自己判定ながら8割以上の確率でヒットエンドランを見抜いているはずである。

リーダーであるなら、いざというときは「俺が責任を持つ」と言ってほしい。蔭山さんはヘッドコーチだったが、監督の立場にあるならなおさらだ。

なお、蔭山さんは鶴岡さんの勇退にともない、1965年に南海監督に就任した。しかし、その4日後に急逝された。私は後任監督を巡って繰り広げられた派閥抗争による心労が原因だったと思っている。南海にとっても、球界にとっても本当に惜しい人を失った。

NOMURA'S METHOD

No.059

腹心の部下は人柄と志の高さで選べ。

人が集団を形成した場合、自然発生的に「2対6対2」の割合になるという法則がある。優秀な人間が2割、平均的な人間が6割、パッとしない人間が2割になるのだそうだ。

これをプロ野球チームのコーチ陣に当てはめると、「この監督のためなら」と思って働いてくれるコーチが2割、監督とフロントの間で、どっちに付いたら得かを考えているコーチが6割、監督の足を引っ張るようなコーチが2割といったところか。

そういえば、私が南海の監督を解任された年、解任の2カ月前に当たる中元の時期に、毎年必ず届いていたコーチからのギフトがいきなりパタッと来なくなった。要するに本人の私より先に、私がクビになることを察知していたのである。彼らも人事には敏感なのだ。

私は先の法則に倣い、真に信頼できるコーチは1人か2人いればいいと考える。その1人にヘッドコーチを任せる。それが私の場合は松井優典（現ヤクルト編成部長）だった。

彼は南海時代の後輩で、私がヤクルト監督に就任したときには、ヤクルトのマネージャーになっていた。その松井が私のところにきて、こう言ったのである。

「もう一度、ユニフォームを着たいんです。野村さんの手で僕を育ててくれませんか」

彼に1年間の二軍監督をさせたところ、見事にチームを掌握したので、翌年からはヘッドコーチになってもらった。起用の第一の理由はなんといっても人柄だ。とにかく誰からも慕われる。そして、根っからの野球好き。指導も熱心で、自分が現役でできなかったことを、指導者として果たしたいという志を持っていた。

私が阪神に行くときも、彼に声をかけたかったのだが、遠慮した。ヤクルトの球団社長の信任も厚い上、家のローンや子供の学費の問題もあったからだ。加えて私の契約期間は3年。ところが、彼は電話をかけてきて、「どうしても阪神に連れて行ってくれ」と言う。

「監督、僕ももう50ですよ。3年後に阪神をクビになっても53歳。サラリーマンなら定年まであと7年という年齢です。それだったら、自分はもっと野球の指導者としての能力を磨くほうに賭けさせてください」

その覚悟に心を打たれ、阪神だけでなく、楽天でもヘッドコーチを務めてもらった。練習メニューの作成から各コーチのまとめ役まで何でも任せられる、素晴らしいコーチだった。

世間一般では私の申し子は古田敦也ということになっているようだが、本当の申し子は松井優典である。

NOMURA'S METHOD

No.060

危機管理を怠らないためには、ネガティブ思考であれ。

最近のプロ野球の試合を見ていて、疑問に思うことがある。

自軍の選手が勝ち越しのホームランを打ったり、逆転の一打を放ったりすると、選手と一緒になって喜び、はしゃいでいる監督が多いのだ。私はこの幼稚さを見て、「大丈夫なのだろうか」と心配になってくる。

何しろ、試合はまだ終わっていない。勝利を手中にしたわけではないのだ。監督が本当に喜んでいいのは「ゲームセット」のコールを聞いてからである。そもそも試合中に、ベンチで喜怒哀楽を見せること自体、監督失格と言っていい。監督が選手と一緒に喜べば、ベンチが盛り上がり、一体感が生まれると考える人もいるだろうが、私が言いたいのは、選手と同じ立場、同じレベルで野球を見ていいのかということだ。

選手と一緒に大はしゃぎするスタイルが定着したのは、長嶋が監督になってからだろう。

彼は味方が逆転ホームランを打てば子供のように喜び、大事な場面で代打が三振すれば、ため息をついて落胆した。ファンもそんな長嶋の姿を見たかったのだろうし、テレビのカメラもそれを積極的に映し出した。それは彼がベンチにいる選手の誰よりスターだったからである。彼のパフォーマンスが球場を沸かせ、視聴率アップにもつながった。だが、これは特殊なケースだ。さらにつけ加えるなら、長嶋茂雄は名監督だったと言えるだろうか。

私だって試合の終盤で自軍に逆転ホームランが飛び出せば嬉しい。「よし、やった」と思う。しかし、リードした瞬間に、「このリードをどうやって守るか」に頭を切り替えた。

ピッチングコーチには、「ブルペンはちゃんと用意できているか」と聞き、守備コーチには「守備固めの準備は大丈夫だろうな」と、すぐさま確認するのである。バンザイしたり、手を叩いたりしている余裕はない。

つまりは危機管理である。どんなときにも最悪の事態を想定し、どのような条件が揃えば、そのような事態に陥るかを把握したうえで、そこに至らないような備えを可能な限りする――これは監督に求められる非常に重要な仕事である。

選手はポジティブ思考でプレーすればいい。しかし、監督はマイナス思考で、冷静に試合の推移を見つめなくてはならない。

試合中は、むやみに喜怒哀楽を見せないのが監督たるものの流儀である。

NOMURA'S METHOD

No. 061

感動させる言葉を持て。

監督になってわかったのは人前で話をする機会が想像以上に多いことだ。とにかくあらゆる場面で話をさせられる。ミーティングはもちろん、新聞・テレビなどマスコミへの対応、キャンプで出迎えてくれたファンや関係者への挨拶、さらに球団上層部との話し合い……。言葉を発しなければならない機会は延々と続く。

言葉は選手を指導し、信頼関係を築くうえでも重要である。

自分の持っている知識や理論やノウハウを伝えるには言葉は必要不可欠だからだ。プロ野球の指導者には言葉を軽視し、身振り手振りをまじえ、「バァッといけ」とか「ガーンとぶつけるように」とか擬音を使って教えるタイプが多い。だが、これでは選手には伝わらない。私には到底説得力があるとは思えない。

現役を退いて間もない時期なら自ら手本を示して教えることも可能だろうが、引退から時間が経てば経つほど、それも難しくなる。結局、言葉が最良の手段なのだ。

すぐれた政治家は明瞭で簡潔な言葉を持っている。言葉で国民を納得させ、支持を得るのだ。それは監督も同じである。相手の心を射抜き、感動させるような強い言葉を持ちたい。言葉が選手の心を開き、選手との信頼関係を醸成するのである。

言葉を磨くために一番有効なのは読書であると、私は考える。一朝一夕に話がうまくなるわけではないが、良書を読むことはその人の表現力を豊かにする。評論家時代に貪るように本を読むことで、私も自分の言葉を獲得することができた。

こういうことを書くと「本を読む時間がない」と言う指導者がいるが、それは嘘である。私は評論家時代、妻の沙知代に尻を叩かれ、舞い込んでくる講演を次々にこなした。1日に3本、ひどいときは4本やった。もう時効だから許されるだろうが、ある警察学校に「10分でも20分でもいいから」と頼まれ、講演終了後は次の会場までパトカーで送ってもらったこともある。他にテレビやラジオの野球解説もこなしながら、それでも本は読めた。

江戸時代の言葉に「鞍上《あんじょう》、厠上《しじょう》、枕上《ちんじょう》」という言葉がある。鞍上とは馬の鞍の上。要するに乗り物のことで、今なら電車や新幹線の車中がそうだ。厠上とはトイレのなか。枕上は枕元のことであり、寝室を意味する。

人間はこうした場所でこそリラックスし、じっくり本を読み、ものごとを考えられる。読書の時間と場所はどこにでもあるということだ。

【第四章】

指導者の仕事と役割

NOMURA'S METHOD

NOMURA'S METHOD

No. 062

勝ちに不思議の勝ちあり、負けに不思議の負けなし。

勝負とは何なのか。その神髄や本質は、現役26年、監督24年を経験してもとうとうつかめなかった。今もってそうである。

そもそも勝負とは「勝つか、負けるか」なのか、それとも「勝ったり、負けたり」なのか。あるいは「勝つから強いのか、強いから勝つのか」。考えれば、考えるほど、出口のない迷路へと誘い込まれる。それでも勝負の正体を突き止めようと、評論家になった頃から、さまざまな書物を読み漁ったり、人の話に耳を傾けたりしてきた。

そうしたなかで、自分なりに腑に落ちたのが、ある剣術書で見つけた「勝ちに不思議の勝ちあり、負けに不思議の負けなし」の言葉だった。

監督になった頃には、終わった試合を冷静に振り返るための言葉となった。

勝ったときは謙虚な気持ちを忘れないために。

負けたときは敗因を究明して自戒するために。

監督は、つねに選手とは異なる視点を持たなければならないと思う。試合の前、選手は勝つためにはどうするかを考える。しかし、監督は勝つことだけでなく、どうしたら負けないかも考えなくてはならない。試合に勝ったら、たいていの選手はそこで終わりだ。何も考えない。

しかし、私は「勝ちに不思議の勝ちあり」を念頭に試合を検証する。つまり、自力ではなく、他力の勝利。これを見極めることが監督の大きな仕事なのだ。偶然、転がり込んだ勝利を自分たちの実力と勘違いすると、大きな落とし穴が待っている。

いい例がある。私が評論家だった1985年、阪神はチーム打率・285、本塁打219本という打撃力で日本一となった。しかしチーム防御率は4・16。「不思議の勝ち」がどれだけあったか、阪神は検証しなかったはずだ。翌年から17年間優勝から遠ざかり、Aクラス入りもわずか2度。優勝時の反省と検証しだいでは常勝軍団の可能性もあったのではないか。

負け試合を徹底的に究明するのは当たり前である。勝ったチームと違い、負けたチームにとって負けは不思議でも何でもない。明らかな敗因がある。たとえば、終盤のエラーで負けた場合。守備そのものの巧拙が責められるのは当然として、どうしてそういうエラーが出たか、ふだんの練習は十分だったのか、交代させる必要はなかったのか……。

負け試合を分析すれば、チェックポイントは山のように出てくる。負け試合にはチームが強くなるためのヒントが詰まっている。

NOMURA'S METHOD

No.063

判断は頭で、決断は腹でする。

リーダーの器をはかる大事な要素に「決断力」がある。野球において監督とコーチの根本的な違いも「決断をするか否か」にある。

「決断」は「判断」とは異なる。コーチがするのが「判断」、監督がするのが「決断」だ。事前にデータを集め、相手のクセや性格、心理状態まで分析して作戦を練ることは優秀なコーチならできる。しかし、そこまでは「判断」でしかない。

最終的に「これで行く！」と決めるのが「決断」であり、それは監督に委ねられている。そのとき、失敗しても責任は自分が取ると腹をくくれるかどうかが肝要なのだ。「判断」は頭で、決断」は腹で行い、「判断」と「決断」が一体化すれば勝利の可能性は高まる。

監督の仕事は「決断」の連続である。どの選手を先発で起用するか、どのように攻めるか、いかに守るか、ピンチヒッターを出すべきか、リリーフを送るべきか……。コーチにアドバイスを求めることはあっても、最後はすべて監督が「決断」しなければならない。私は「決断」に際し、迷ったら「これに賭ける」と思えるものを探した。

「このバッターの勝負強さに賭けよう」

「このピッチャーの負けん気に賭けよう」

そんな対象を見つけることで、すんなり「決断」を下すことができた。

1992年のペナントレース終盤、勝てば優勝をグッと引き寄せられるという試合で、私は一軍に帰ってきたばかりの荒木大輔を先発投手に指名したことがあった。これはまさに賭けだった。なにしろ荒木はそれまで4年間一軍での登板がなかったのだ。往年の球威もない。荒木自身が「本当に僕でいいんですか？」と聞いてきたほどだ。

結果を言えば、荒木は見事に期待に応えてくれた。7回無失点。ヤクルトはこの勝利で勢いに乗り、14年ぶりのセ・リーグ制覇を達成した。

では、この大事な一戦で、なぜ私は荒木先発を「決断」したのか。

荒木の闘争心に賭けたのだ。

荒木には甲子園という大舞台の修羅場をくぐってきた経験と精神的な強さがある。さらに肘の故障や椎間板ヘルニアで一軍復帰するまで4年にわたって地獄を見た悔しさもあった。そうした目には見えない彼の闘争心に賭ける気になったのだ。あの年のヤクルト優勝は荒木の復活がなければ実現していなかったかもしれない。

NOMURA'S METHOD

No.064

固定観念や好き嫌いを捨て、公平に判断せよ。

最近のプロ野球界で〝親分〟の名で愛されたのは大沢啓二さんだ。私が南海にいた頃の先輩である。その大沢さんや私にとっての親分が当時の監督・鶴岡一人さんだ。当時、球界で〝親分〟と言えば、鶴岡さんであり、事実、子分をつくりたがる人ではあった。

残念ながら、私は鶴岡さんにはなぜか嫌われ、疎まれ、とうとう〝鶴岡一家〟に入れてもらえなかった。

だが、鶴岡さんはそんな私を干すようなことはしなかった。二軍から私を引き上げてくれたのも鶴岡さんだし、「おまえは二流投手はよう打つが、一流投手はさっぱり打てんのう」と私をこき下ろしながら、正捕手として起用し続けてくれた。

今日の私があるのも鶴岡さんのおかげである。

私が鶴岡さんを高く評価するのは、先入観、固定観念だけで選手を起用しなかったからだ。選手に対する好き嫌いはあったはずだが、選手の実力を見る目は客観的で公平だった。

これはリーダーとして重要なことである。監督の判断一つ、選択一つで選手の人生は大きく変わってしまう。それだけ責任は大きく、そうであるならば、選手に対する判断や評価は可能な限り客観的で、公平でなければならない。

さらに、先入観や固定観念を持たないことも大切である。たとえば「過去に前例がない」という理由で選手を判断したら、選手の才能を潰すことにもなりかねない。

いい例が野茂英雄とイチローである。

野茂の〝トルネード〟と呼ばれたピッチングフォームも、オリックス時代には〝振り子打法〟と呼ばれたイチローのバッティングフォームも非常にユニークで、それこそ前例のないものだった。そのため、最初は否定された。野茂は当時の近鉄監督・鈴木啓示にフォーム改造を命じられているし、イチローもオリックス監督だった土井正三にバッティングスタイルを否定され、一軍で起用してもらえなかった。

その後2人はどうなったか。野茂はメジャーに行って大成功し、イチローは土井の後任監督である仰木彬のもとで才能を開花させた。しかし、これは幸運なケースである。誰もが2人のような強固な意志を持っているとは限らない（それもプロで成功する資質の一つではあるのだが）。その人の可能性を摘むことなく、才能を伸ばすためにも、リーダーはくれぐれも固定観念や先入観に縛られることを慎んでほしい。

NOMURA'S METHOD

ときには非情でなければならない。

No.065

2007年の日本シリーズ第5戦、8回までパーフェクト・ピッチングを続けていた中日の先発・山井大介を、監督の落合が降板させ、9回に岩瀬仁紀をリリーフに送ったことがあった。結果的には岩瀬は日本ハム打線を3人で抑え、中日はピッチャー2人で完全試合を達成し、日本一に輝いたわけだが、この交代劇には賛否両論あった。

私なら、交代はまず考えない。日本シリーズでの完全試合など過去に1度もないし、今後もあるかどうかわからない。山井にとってどれだけ名誉なことであり、以後の野球人生の励みとなることか。達成していれば、山井の人生を変える大記録だったはずである。

交代は指にマメができたからとも言われるが、私なら「マメなんかつぶれてもいい。こんなチャンスはもう2度とないぞ」とハッパをかけたと思う。

9連覇の偉業を成し遂げた巨人の川上哲治監督も落合以上に非情になれる人だった。

こんなことがあったという。巨人はエースの堀内恒夫が先発し、5回表まで9対0とリード。

しかしその裏、堀内に乱調の兆しが見え始めた。ワンアウト後、四球とエラーで満塁にしてしまった。すると、川上さんはマウンドに行って、堀内からボールをもぎ取り、ピッチャーの交代を告げたのである。

大量リードし、あと2人抑えれば、勝利投手の権利を得られるにもかかわらず、川上さんはエースをスパッと降板させた。当時の巨人ではこの程度は当たり前だったらしい。

私にはとうとうできなかった采配である。監督は、ときには非情に徹することが必要だと頭では理解していても、どうしても情が優先してしまう。

同じ場面でマウンドに行ったら、たとえば「次のバッターは攻め方さえ間違わなければ打ち取れる。冷静に、キャッチャーのサイン通りに投げろ」と言って、なんとかあとアウト2つを取らせようとする。とくに若いピッチャーや長い下積みを経て一軍に上がったピッチャー、不振に陥っていたピッチャーだったら、なおさらだ。勝つことが何より自信になるからだ。

その結果、何度も失敗をした。

ここにリーダーとしての私の限界もあったわけだが、私は後悔していない。なぜなら、非情に徹していたら、得られない果実もあるからだ。私の選手育成を称し、しばしば「野村再生工場」という言葉が使われたが、他球団で見限られた選手を再生するためのカギは情にある。これについては第五章で詳しく述べたい。

NOMURA'S METHOD

No.066

有事には不真面目な優等生が頼りになる。

監督は選手の性格、適性、能力を見抜かなければならない。人間観察が趣味でもある私は選手を分析・判断する方法をいくつも考えたが、ここでは2つ紹介したい。

まずプロ野球選手には①「〝らしく〟生きているタイプ」、②「意気込みだけで生きているタイプ」、③「天性だけで生きているタイプ」、④「自己限定して生きているタイプ」の4タイプがある。

①は自分の役割を理解し、監督の考えていることを実践できるプロフェッショナルらしいタイプで、監督としては使い勝手がいい。②と③は監督が理論や技術を叩き込み、使い方を考えればいいが、問題は④だ。プロの世界に入ってくるのだから、それなりに素質はある。しかし自分はこれまでの選手と勝手に判断し、努力を惜しみ、現状維持を肯定しているのだ。実は、こういうプロ野球選手が増えているから困る。

もう一つの観察法は真面目か不真面目か、優等生か劣等生かを基準としたものである。

①「真面目な優等生」

最初の分類法の①に近く、なかなかお目にかかれないタイプである。ただし、順境では力を発揮するが、逆境に立たされると意外にもろいのが欠点。

②「不真面目な優等生」

監督にとっては手がかかるが、いざというときには一番頼りになる。私の教え子では江夏豊や江本孟紀が代表だ。ワルだが憎めない。実は、王貞治もこのタイプだったと私は考えている。スランプに陥ったとき、川上監督に「二本足に戻してはどうか」と言われながら、頑なに拒否し、一本足打法を押し通した。この意志の強さが彼を〝世界の王〟にしたのだ。確固たる自分がなければ、どんなに才能があっても組織のなかに埋没してしまう。

③「真面目な劣等生」

今のプロ野球では一番多いタイプだろう。能力的には平均レベルに達し、練習も熱心だ。このような選手をどう生かすか。あるいは、新たな個性を見いだし、適材適所の起用をするか。監督の腕の見せどころである。

④「不真面目な劣等生」

はっきり言えば、切り捨てるしかない選手だ。能力も人望もなく、不平分子を集めて派閥をつくるくらいしかしないだろう。当然、組織は劣化する。私なら早期に転職を勧める。

NOMURA'S METHOD

不満を理想の実現へと導け。

No.067

監督を経験すれば誰でもわかるのが、監督と選手の要求は相反するものだということだ。それぞれの要求を列挙してみよう。まず監督が選手に求めるのは次のようなことだ。

①自主性、自立心を大切にしてほしい。
②目的、目標を明確に持ってほしい。
③監督が何をしたいかを理解してほしい。
④勝つために日々野球に取り組んでいることを自覚してほしい。
⑤ファンが何を望み、何に感動するかを考えてほしい。

これに対し、選手は以下のような要求を持っている。

①自分の能力をちゃんと評価してほしい。
②自分に何を期待しているかを教えてほしい。
③結果論で判断せず、結果がダメでもその過程について理解してほしい。

④ライバルに比べ自分の評価が低い理由を教えてほしい。

⑤自分の考え方が正しいか、間違っているか。間違っているなら、どこが間違っているかを教えてほしい。

大雑把に言えば、監督はチーム優先主義で考えているし、選手はあくまで個人主義ということである。両者の間の齟齬や行き違いが不平不満となるわけだが、誰だって不平や不満は抱くものだ。それを口にするかしないかが、いい組織とダメな組織の境界線となる。誰かが不満を言い、それにつられて他の誰かも我慢していたことを口にし、態度にも出すようになる……。こうして小さな不満が蔓延すれば、チームは崩壊の道をたどる。

結局は、不満を抑制できるような人間教育ができているかどうかである。

さらに私はこう考える。不満を持っているということは、裏を返せば理想があるということだ。理想と現実が一致しないために文句や不満が出るのである。

そもそも人間は1人では生きていけないし、自分の思うようになることはほとんどないと考えたほうがいい。理想と現実のギャップはあって当然なのだ。だからこそ、学ぶこと、努力することが必要になる。学びや努力の先にあるのが理想であり、希望なのだ。

監督はそのように説いて、選手を正しい方向に導く存在でなければならない。不満のエネルギーが理想実現への力に転換すれば、その選手は伸びる。チームも強くなる。

NOMURA'S METHOD

No.068

予備知識は重いほどいい。先入観は軽いほどいい。

現役を退いたら、そのままコーチや監督になるのではなく、外から野球を見たほうがいいとはよく言われる。つまり、そこそこ名前の通った選手だったら、そして将来は監督を目指すのなら、評論家を経験したほうがいいということである。

この考えには条件付きで賛成だ。というのは、評論家時代をどう過ごすかが重要であるからだ。たんにテレビやスポーツ新聞を通じて自説を述べて、感想を披瀝するだけではなく、将来、指導者として必要になると思われることを貪欲に勉強しなければならない。

考えてみれば、プロ野球選手の世界は狭い。朝起きて、野球の試合や練習をして、夜寝て……というスケジュールが1年間決まっている。その枠のなかで10年、20年も生活してきたまま監督をやるというのがそもそも間違っている。人としての経験が足りなさすぎる。

長嶋も王も一度は球団に面倒を見てもらう生活から足を洗って、それから巨人の監督になっても遅くはなかった。王は3年間の助監督を経験してはいるが、それで人間としての視野が広がったとは思えない。それが9年に及ぶ評論家生活を経た私の実感である。

私は45歳で現役を引退し、野球評論家になった。幸い、講演会のブームで、こんな私にも講演の依頼が舞い込んできた。

しかし、何を話せばいいのか。頭を抱える私に、妻の沙知代が「いい人がいるわよ」と紹介してくれたのが、政治・経済から哲学まであらゆることに精通した評論家、草柳大蔵さんだった。

ご自宅を訪ねた私は率直に尋ねた。

「先生、評論家とは何を話せばいいのでしょうか？」

草柳さんは私を2階の書庫に連れて行ってくれた。私は書棚にぎっしり並んだ膨大な量の本に思わずたじろいだのを昨日のことのように憶えている。

草柳さんは安岡正篤の本や中国の古典を私に手渡しながら、こうアドバイスしてくれた。

「予備知識は重いほど、先入観は軽いほどいいのです。まずは本を読み、そのうえで、これまでに野村さんが野球人生で経験されたことを話されてはどうでしょうか」

この日を境に、私の乱読、多読の日々が始まった。政治、経済、歴史から科学、文学のジャンルに至るまで次々に読破し、読んで気に入った箇所に赤線を引いたり、ノートに書き写したりして繰り返し読んだ。こうして頭に沁み込んだ知識や教養が、私の拙い話を深みのあるものに変えてくれたのだと思う。講演依頼は後を絶たなくなった。

NOMURA'S METHOD

No.069

奇襲は「やるぞ」と見せかけるだけでいい。

自軍が1点リードした終盤、ノーアウトで下位の打者が四球で一塁に出たとしよう。このとき、送りバントでランナーを二塁に進めるのがオーソドックスな戦法である。しかし、ヒットエンドランもあれば、バスターもある。単独スチールも考えられる。

私はこのような場面では、アウトカウント、ボールカウント、相手ピッチャーはクイックモーションがうまいか否か、捕手は強肩かどうか、球場の風向きはどうなっているか……というところまで考慮して、サインを出した。監督として、作戦を成功させる確率を高めるには当然のことである。

こうしたことをほとんど考えず、以前使った作戦がたまたま成功したからという理由だけで、ふだんはあまりしない奇襲を試みる監督がいる。十中八九、作戦は失敗に終わる。昔から「動きすぎる監督は一流にはなれない」と言われるが、その通りなのだ。

奇襲は一度成功すると、それが快感となり、以後も何度か試みたくなるのだろうが、これは自己満足の采配に過ぎない。

私も奇襲は使った。しかし、やるなら、シーズンの序盤に一度用いるだけでいいという考えだった。やられた側はこれで疑心暗鬼となり、結局、シーズン終盤まで「野村は何かをやってくるぞ」と警戒してくれる。それだけで十分効果がある。

キャンプで過去に1度もやったことのない特殊なサインプレーを練習させることもあった。この時期は、各チームのスコアラーがキャンプ地に視察に訪れるので、それを意識しての作戦である。他チームのスコアラーが自分のチームに戻り、「野村監督は今年、こんなプレーをやっています」と報告してくれれば、しめたものだ。

オープン戦で1試合でもそのプレーをやって、念を押せば、相手は「シーズンに入っても使ってくるかもしれない」と勝手に警戒してくれる。

もちろん、自軍の選手には「これは他チームの警戒心を煽り、混乱させるのが目的だから、シーズン中では使わない」と説明しておいた。

奇襲は繰り返しやるものではない。1度でもやれば、その段階で奇襲ではなくなると考えたほうがいいだろう。理想は、1度もやることなく、相手に「何かあるぞ」「奇襲があるかもしれない」と思わせることである。

NOMURA'S METHOD

魔術にはタネがある。

No.070

監督の采配で勝敗が左右する試合はシーズンを通して、そうあるものではない。当たり前だが、選手の働きいかんによって勝ち負けは決まる。しかし、1960年の大洋（現・DeNA）に限っては三原修監督の力が大きく勝利に結びついていたように見える。

この年、三原大洋は実に33試合で1点差勝ちをおさめている。前年まで5年連続優勝の巨人相手にも10試合で1点差勝ちした。〝三原魔術〟の言葉はこのシーズンの三原さんの戦略・戦術をさして言われ始めたのだが、前年最下位だった大洋は見事、日本一に駆け上った。

三原さんはアイデアの人でもあった。

今やごく普通の作戦となったワンポイントリリーフを定着させたのも三原さんである。しかも三原さんはエース秋山登が登板した試合の終盤、ピンチで左バッターを迎えると、秋山を三塁や外野の守備につかせ、左腕の権藤正利を出した。権藤が抑えると、再び秋山をマウンドに戻すのである。私もこれと同じことを阪神監督時代に、下手投げの葛西稔と左腕の遠山奨志《しょうじ》でやった。

三原さんは極端な〝あて馬〟作戦もよく用いた。スターティングメンバーとして発表した選手のうち、3番の近藤和彦と9番の秋山登以外の7人すべてに影武者を使い、相手の先発ピッチャーに合わせて、すぐさまメンバーチェンジをしたこともあった。

攻守分業システムも積極的に活用した。今では当たり前になったが、8回、9回に守備固めの内野手を用意したり、代打の切り札を効果的に使った。こうしたユニークな戦術が〝三原魔術〟だと思われているが、私は三原さんの真骨頂は情にあったと考えている。

野球には技術や戦術ではどうにもならないツキが存在する。三原さんはそのツキや試合の流れを自分のものにするために、選手を暗示にかけるのが巧みだった。簡単な例で言うと、自軍の主力クラスを徹底的にほめ上げ、相手の選手をボロクソにけなして、選手をのせてしまうのである。選手が守備から戻ってきたときには抱きつかんばかりに出迎えたし、自宅や料亭に選手を呼んで酒席をともにすることも多かったらしい。

私も三原さんが西鉄の監督だった時代には何度も対戦している。

鶴岡さんは三原さんとは対照的に自軍の選手を絶対にほめない監督だった。だから、西鉄との試合では、われわれは三原さんにもけなされ、自軍の鶴岡さんにもボロカスに言われるという、なかなか辛い目にあったのだった。

NOMURA'S METHOD

No.071

リーダーは背中で語れ。

プロ野球にあっては球団全体のリーダーがオーナーや球団社長なら、現場でチームを預かるリーダーが監督だ。さらに選手間の精神的な支柱となるような選手、いわゆるチームリーダーの存在がある。

チームリーダーの役目はなにも大きな声を張り上げたり、元気のない選手の尻を叩いたりすることではない。リーダーたる選手の野球に対する取り組み方が他の選手に浸透していけば、それで十分なのだ。

その場合の取り組み方とは、どうすればチームの勝利に貢献できるかを考える「貢献型」でなければならない。リーダーとされる中心選手が自分の成績やタイトルのことばかりに目を向けて「利益型」に走り出したら、チームはバラバラになってしまう。どんなチームにあっても、監督も選手も目標はともに「チームの勝利」でなければならない。

巨人のＶ９時代におけるＯＮは理想だろう。私がヤクルト監督の頃は広澤克己や古田敦也がチームリーダーだった。阪神時代は残念ながら、チームリーダーは見つからなかった。楽天では、山﨑武司がリーダーシップを発揮し、チームを統率してくれた。

今でも山﨑がチームリーダーとしての真価を見せた２００７年のオリックス戦を思い出す。９月12日、これに負ければ最下位転落という大事な一戦だった。

９回裏、一死二、三塁と一打サヨナラの場面で、オリックスのバッテリーは３番のリック・ショートを敬遠して、次の山﨑との勝負を選択した。

実はこのとき山﨑は股関節を負傷しており満足に走れる状態ではなかった。オリックスにも当然、その情報が入っているから、満塁にして内野ゴロでのダブルプレーを狙ったはずである。

力んだ山﨑は、ゲッツーにはおあつらえ向きのショートゴロ。打った瞬間、ベンチの我々も、観客席の楽天ファンも「終わった……」と思い、球場全体がため息に包まれた。

ところが、山﨑は負傷を押して、必死の形相で全力疾走。間一髪でセーフとなったのだ。三塁ランナーがホームを踏んでサヨナラ勝ちである。ナインが山﨑に駆け寄り大騒ぎだった。

山﨑は言葉で叱咤するのではなく、その大きな背中で「チームの勝利に貢献するとはこういうことなのだ」ということを示してくれた。この試合をものにした楽天は勢いづき、４位。チーム創設以来、初めて最下位を脱出した。

NOMURA'S METHOD

No.072

リーダーは3人の友を持て。

人間は3人の友を持てば、人生は豊かになるのだという。

1人は「人生の師となる友」、1人は「原理原則を教えてくれる友」、1人は「直言してくれる友」である。これは帝王学的観点からも正しいと思う。

私にとって「人生の師」は沙知代が紹介してくれた草柳大蔵さんである。草柳さんと出会っていなかったら、評論家の何たるか、監督の何たるかをこれほど深く考えることもなかったし、ここまで自分の言葉を磨き、人に伝える努力はしなかったはずだ。

2番目の「原理原則を教えてくれる友」は、私の場合、本であった。良書を読むことで、世の原理原則を知り、それを野球の世界にも敷衍《ふえん》することができたと思っている。また、若いころ、メジャー仕込みの「シンキング・ベースボール」で私の目を見開かせてくれたブレイザーがこれに該当するかもしれない。

さて、3番目の「直言してくれる友」は、本来ならチームの参謀役などがふさわしいのだろうが、私に耳が痛いことを言ってくれる人物はグラウンドにはいなかった。

私に最も手厳しい言葉で直言してくれるのは、実は沙知代である。

野球のこと、私生活のこと、なんであろうが、彼女は痛いところをズバズバ突いてくる。これがまた当たっているから癪にさわる。典型的な毒舌家である。

監督時代、大事な試合に負けて、がっかりして帰宅したときもこんな調子だった。

「何やってんの。しっかりしなきゃ、ダメよ」

「今日の試合、あんたの采配で負けちゃったじゃない」

こっちは負けて落ち込んでいるのだから、さすがにこたえる。

ところが、これも慣れてくると、沙知代流の叱咤激励に聞こえるようになるから不思議だ。腹のなかでは「このやろう、言いたいことばかり言いやがって」と思いながら、「明日は必ず勝ってやる」という気持ちになってくる。要するに彼女のひと言で闘志に火がつくのだ。

勝ったときには何も言ってくれない。「おめでとう」も「よかったわね」のひと言もなかった。はなから亭主の機嫌を良くしようなどとは思っていないのだ。ベタベタした愛情表現を好まないし、生まれながらの「直言」の人なのである。

友人に「よく我慢しとるな」と言われたこともあるが、私は決まってこう返答した。

「我慢してるんじゃない。慣れただけや」

NOMURA'S METHOD

No.073

人を見て法を説け。

人に何かを教えたり、その気にさせたり、成長への道へと導くのに口説き文句が必要なことがある。しかも、人により性格も能力も価値観も異なる。お釈迦様の「人を見て法を説け」の言葉通り、相手に合わせて適切な口説き方や口説き文句を考えなくてはいけない。

素直な相手ならいいが、なかなかこちらの思い通りにはいかないやっかいな人物もいる。私が最も手こずった人物が江夏豊だった。

彼を先発からリリーフに転向させる際、私が「リリーフの分野で革命を起こそう」と言ったのは有名な話だ。この口説き文句に彼が感銘し、首を縦に振ったのも事実である。だが、話はそんなに簡単ではない。そこに至るまでに、私は彼と2度腹を割って話をしている。

まず、江夏と江本孟紀のトレードを成立させようとしたときだ。阪神を死に場所と考える江夏は「絶対に嫌だ」とゴネたのである。それでも江夏がほしい私は会食の機会を設けた。3時間もの間、私は一切トレードの話をしなかった。

「俺を助けてくれ」などと言おうものなら、フンとそっぽを向く男である。そこで私は野球の話ばかりして、帰り際にポツリと言った。

「江夏よ、あの広島戦で衣笠（祥雄）に満塁でフルカウントから投げた球、わざとボールにしたんやろ。野球はつくづく面白いと思うよ。ボールでも抑えられるんやから」

この一言を評価し、江夏は私の下で野球をやるのも面白いと思ってくれたのである。

しかし、阪神でわがまま放題にやってきた江夏の態度は移籍したからといって変わったわけではない。性根を入れ替えさせなければと思っていた矢先だった。

コントロールには定評のある江夏が二死満塁の場面で、とんでもない高いボールを投げて負けたのだ。江夏は球界を揺るがした黒い霧事件が起きたときも名前が挙がっている。私は試合後、江夏に「まさか八百長やってないだろうな」と詰め寄った。

即座に否定する江夏に対し、私はさらに厳しく言った。

「あんなボールを放ると、怪しいと思う人間がいてもおかしくない。それが現実だ。信用を取り戻すには、マウンド上での態度で示すしかないんだぞ」

しばらく黙っていた江夏は「そんな言いにくいことをはっきり言ってくれたのは監督が初めてだよ」とつぶやいた。以後、江夏はガラリと態度を変えた。人をその気にさせるのは楽ではない。しかし、それをやるのが指導者の役目でもあるのだ。

NOMURA'S METHOD

学ぶために働く。働くために学ぶ。

No.074

プロ野球選手はなぜこの世界に入ったのか。目的は何なのか。おそらく、好きな野球で稼ぎたい、大金を手にしたいと考える選手が多いと思う。私もお金が目的だった。今なら20代で2億、3億の年俸を手にすることも可能だから、やりがいのある世界ではある。

では、稼いだお金を何に使うのか。

「豪邸に住んで、いい暮らしをしたい」「高級車を乗り回したい」「しっかり、お金を貯めて老後に備えたい」「豪勢に遊びたい」……。どれも否定しない。自分の夢を実現すればいい。

ただし、こうしたお金の使い道のなかに、稼いだお金を自分に投資することも加えてほしい。それは食事などのコンディショニングやジムでのトレーニングだけでなく、野球の勉強、人生の勉強にもお金を使ってほしいということである。

現役時代、私は日本の野球だけではなく、メジャーの野球についても知りたくて本を読んだ。原書を取り寄せて、知人に翻訳してもらったこともある。自分のなかに沸き立つ好奇心や向上心がそれをさせたのである。

1964年のオフには渡米してワールドシリーズを見に行った。ちょうど東京オリンピックが開催された年で、ペナントレースが前倒しで行われた。日本シリーズも早く終わったので、ワールドシリーズに間に合ったのだ。私にとってはオリンピックよりワールドシリーズ観戦のほうがはるかに優先順位は高かった。

カージナルスとヤンキースが争い、3勝3敗となって迎えた第7戦は忘れもしない。カージナルスは同点の無死一、二塁の勝ち越し機に、4番のケン・ボイヤーが送りバント。続く5番の犠牲フライで決勝の1点を奪い、チャンピオンを決めたのだった。

パワーやスピードが売り物のメジャーも、大事な試合の大事な場面では手堅く4番打者に送りバントをさせる。その事実にカルチャーショックを覚えたものだ。

昔から「金はイワシの如し」という。

お金もイワシも放っておけば腐って価値を失ってしまう。であれば、稼いだお金の一部を自らの学びや勉強に投資してもばちは当たるまい。学ぶことで人間的に成長すれば、仕事にも好影響を及ぼすはずだ。それで稼いだら、また学びや勉強に回す。

学ぶために働き、働くためにまた学ぶ。人生はそんな繰り返しであるべきではないか。

NOMURA'S METHOD

目の前で書くから伝わる。

No.075

3年連続最下位。私は阪神監督として成果を上げることができなかった。その要因はいくつかあるし、私の力不足を否定するつもりはないのだが、一つだけ「私としたことが……」と今でも悔やむことがある。

それはミーティングの進め方だ。

ヤクルトでも阪神でも、私は意識改革の一環としてミーティングで「野村の考え」を説いた。選手への要望を始め、組織論、戦略・戦術論、打撃、守備、走塁など野球のあらゆることに対する私の考えを話すのである。

ただ、ヤクルトと阪神ではやり方が違った。

ヤクルトでは私がホワイトボードに内容を記し、選手にメモをとらせながら、ミーティングを進めていった。そのメモは選手によっては何冊ものノートになった。この通称〝野村ノート〟が10冊を超えた選手も少なくなく、ホームランか三振かの豪快なバッティングで〝ブンブン丸〟と呼ばれた池山隆寛もそのひとりだ。楽天でコーチをしている池山にとってはこれが指導のバイブルにもなっている。

一方、阪神ではあらかじめ自分で執筆した「野村の考え」を冊子にして選手たちに配布し、それを読み上げるかたちでミーティングを行ったのである。これが大いなる失敗だった。早期に結果を出すことが求められ、時間的な余裕がなかったという理由もあるが、「横着したんじゃないか」と批判されても返す言葉がない。

阪神の選手はメモもとらなければ、真剣に聞く様子も見られなかった。私の印象では真面目に聞いていたのは桧山進次郎と矢野燿大《あきひろ》くらいなものだった。

高校や大学の授業でも、教師は学生の前で大事なことを黒板に書きながら説明していく。だから、説得力が生まれる。事前に書いてあるものをポンと出されたら、「この先生、過去に同じことを何度も言ってきたんだろうな」と思われてもしょうがない。

結局、書かれたものを見せ、それを読むだけでは人には伝わらないのだ。教えられる側は大事なことが目の前で次々に書かれ、それをメモするから頭に入っていく。

つまりは教える側がプロセスを見せるのである。プロセスを選手と一緒に体験することに意味がある。自分で「野村野球とはプロセス野球だ」と言いながら、なんとも迂闊であった。

NOMURA'S METHOD

No.076

今は嫌われても、いつか感謝されるほうを選べ。

私の代名詞となったものに「ボヤキ」がある。

たしかに選手はもちろん、コーチに対しても四六時中ボヤいた。やり玉に挙がった選手にしてみれば、「もういい加減にしてくれ」と、うんざりしたかもしれない。

でも、私は彼らに鬱陶しいと思われることを承知で、ボヤいた。それで選手に嫌われようと一向に構わないと考えていた。

ボヤく側から言わせていただければ、ボヤくのにも相当の根気とエネルギーを要する。それでもボヤき続けるのは、目の前にいる選手をなんとか一人前に育てたいと思うからだ。つまり、選手やコーチに嫌われないように柄にもない言葉をかけるより、今は嫌われても、いつかは感謝されることを言うのが私の役目だと考えたのである。

そもそも私には人の機嫌を取るという芸当ができない。

今はわかってくれなくてもいいのである。1週間後、1年後、5年後であっても、私がボヤいた意味や意図を理解してくれれば本望だ。

さらに、私がボヤくのはその選手やコーチにそれだけ期待しているからでもある。私のなかに理想像があるから、そこに少しでも近づけたいのだ。

私はボヤキをテレビやスポーツ新聞などマスコミを通じても行った。野球ファンの方ならよくご存じだろう。

これにも理由がある。試合中に直接、叱ったり、指導する方法もある（もちろん、これもやった）が、選手によっては時間を置いてからのほうが効果的だったりする。だいたいプレー直後は選手も興奮状態にあるので、口では「ハイ、わかりました」と言っても、案外頭に残っていない。とくに感情に走りやすいタイプの選手はその傾向にある。

だから、マスコミを利用したのだ。

野球選手に限らず、人はミスや失敗は鮮明に記憶している。それを反省するとき、少し時間を置いてからのほうが冷静かつ客観的に分析できるものだ。私のボヤキも翌日のスポーツ新聞で見たほうが、頭にすんなり入ってくるはずである。

ボヤキはマスコミを通じたファンサービスの一面もあったが、それ以上に選手の反省、奮起を促すための重要な手段だった。

NOMURA'S METHOD

教えないのが名コーチ。

No.077

コーチとは何か。その仕事を表現するのにさまざまな日本語が使われる。参謀、監督補佐、監督の女房役、専門屋、技術屋、黒子、中間管理職……。なかなか複雑で微妙なニュアンスを持った職業であることがわかるが、公認野球規則にはこう書かれている。

「コーチはチームのユニフォームを着用した一員であってベースコーチを務めるだけでなく、監督の指示する任務を果たすために、監督によって選ばれた人である」

これまた微妙な文章だが、監督という現場責任者の下で働く人間であるとしか、ルールには規定されていないわけだ。

私がプロの世界に飛び込んだ頃はコーチなどいないも同然だった。それが今やバッティング、ピッチング、守備、走塁、バッテリーと細分化され、それぞれが専門的な技術指導やチェックをおこなっている。つまり教えることがコーチの役割として定着している。

しかし、私は各コーチに「なるべく教えるな」「あのコーチは何もしないと言われてもいいから、しばらくは観察に徹しろ」「教える行為は最小限にとどめておけ」と言ってきた。

人間というのは失敗して初めて自分の間違いに気づくものだ。その前になんやかや言われても耳には入ってこない。聞く態度は示したとしても、たいがい頭には入っていない。自分でやってみて何も気づかない鈍感な選手は、それまでなのだ。

最初から教えてしまうと、その選手が本来持っている「気づく力」、「感じ取る力」を奪い取ってしまうことにもなる。もし初期の段階でコーチがやることがあるとしたら、問題意識が高まるようなアドバイスやヒントを与え、本人に疑問が生まれるように仕向けることだ。

気づき、感じる力のある選手なら、やがて「どうしたらいいのでしょうか。どこが間違っているのでしょうか」と尋ねてくる。こうして向こうから教えを乞うようになってから、集中的な技術指導を行うのが最も効果的だ。

選手は「うまくなりたい」という欲や向上心が最高潮に達した状態にあるから、コーチの言うことをスポンジが水を吸い込むように吸収するだろう。これこそ選手が見違えるように成長する時期である。

うまくなるのも、強くなるのも最終的には本人しだい。飯のタネは自分でものにするのがプロである。メジャーリーグには昔から「教えないのが名コーチ」という言葉があるそうだ。けだし名言である。

NOMURA'S METHOD

No.078

「育てる」のではなく、「育っていく」

私が見てきた限り、新しくコーチになった人ほど、あれこれアドバイスし、教えたがる傾向にあるようだ。これは野球の世界に限らないのかもしれない。組織において何らかの肩書がつき、部下ができると、部下の欠点は目につきやすくなる。

このとき、絶対にやってはいけないのが、自分はこれで成功したからという理由で部下にも自分のやり方やスタイルを強要することだ。われわれ野球の世界で言えば、「型にはめる」指導法である。この指導法で、どれだけ逸材が消えていったか計り知れない。

なぜ、こうした「型にはめる」指導法が今も続いているのか、私なりに考えた結論は、「教える側に自信がないから」である。

選手の能力や個性を的確に見抜き、導く自信がないから、すべてをある一定の型にはめ込もうとする。そして、自分が現役時代にやった方程式に沿って、手取り足取り、やりすぎるくらいの指導をしてしまうのだ。

「馬に水を飲ませるため、水辺に連れていくことはできても、水を飲むかどうかは馬自身の問題である」という箴言は、指導の核心を突いている。前項で述べたように、指導者にできるのはヒントやサジェッションを与え、見守ってやることだ。

しばしば「あの選手を育てたのは彼ですよ」という言葉を耳にする。私もそんなふうに言われたことがある。しかし「自分が育てたんだ」と思っているとしたら、それは錯覚であり、思い上がりも甚だしい。人は「育てる」ものではなく、「育っていく」ものだ。

こうした言い方は選手の育成方法について述べながら、矛盾していると思われるかもしれないが、「育てる」と「育っていく」は表裏一体の関係にある。

指導者は「育てる」と思い上がってはいけないし、教えられる側も「育ててもらえる」と甘えてはいけない。「育っていく」ためには自分を律することが必要だ。

誰に聞いたかは忘れたが、学校を意味する英語の「スクール」はラテン語の「スコラ」に由来し、「スコラ」とは自由な時間、暇な時間のことだという。つまり、暇な時間、自由な時間をもてあました人が集まるのが「スコラ」だった。

プロ野球に限らず、いったん社会人となったら、その職場が「スコラ」でないのは自明で、自分自身に学校で学ぶのとは違った厳しさが求められる。

NOMURA'S METHOD

人生は評価に始まり、評価に終わる。

No.079

人生は他人の評価によって決まる。

プロ野球選手という職業はその意味ではとてもわかりやすい。高校、大学、社会人での活躍の度合い、その将来性によってドラフトの順位も契約金も決まる。プロの世界に入ってからも成績や貢献度によって年俸が決まる。今は球団があらゆる場面の一打、一投に至るまで査定の対象にしているから、評価は細部にまでわたる。

しかし、評価はそうした目に見える数字ばかりではない。他人がどう思うか、どのように見ているかという評価がある。人間の価値とはそうした他人の評価で決まるものだ。人生どこまでいっても他人の評価から逃れることはできないし、人は思わぬところで他人に見られ、評価されている。

この大前提を理解していれば、「どうすれば評価を上げられるか。どうしたら監督の目に留まるのか。そのために何をすべきか」を謙虚に考えることができるはずだ。

自己評価というのもあるが、これは適正ではない場合がほとんどである。人間は自己愛で生きているため、どうしても自分への評価は甘くなる。

それに自分の評価のほうが正しいと思ってしまえば、「自分はよくやっている」という自己満足を生み、「このくらいでいいだろう」と妥協し、「もうこれ以上、自分には無理だ」と、自分の力を限定してしまう。すでに述べた「満足↓妥協↓自己限定」という負のスパイラルに陥ってしまうことになる。

私も現役時代の晩年に他人の評価を痛切に感じたことがあった。南海の選手兼任監督を解任され、ロッテに拾われたが1年で自由契約の身となった。すると、新球団としてスタートしたばかりの西武から獲得したいという一報が入ったのだ。

すでに43歳。現役を続ける虚しさも辛さもわかっていたが、誰かが自分を必要だと評価してくれるなら、「生涯一捕手」としてボロボロになるまでやってやろうと思った。自己評価に頼るのではなく、素直に他人の評価を信じようと考えたのだ。

西武での2年間は決して甘くはなかった。先発マスクをかぶる機会はめっきり減り、ベンチを温める悲哀も、生涯で初めて代打を送られる辛さも経験した。これが無駄だったとは思わない。後年、監督をやることになったときの貴重な経験になった。「まだ辞めるのは早い」という他人の評価が私を成長させてくれたのだ。

NOMURA'S METHOD

No.080

財を遺すは下、仕事を遺すは中、人を遺すは上なり。

監督の仕事には「チームづくり」「人づくり」「試合づくり」の3つがある。なかでも重要なのが「人づくり」だろう。人をつくれなければ、チームも試合もつくれないからだ。

そして、「人づくり」とはただ選手を一人前にし、一流の域に引き上げるだけではない。人間として一流にしたかどうかが問われる。周囲が人間としても一流であると評価すれば、その選手はやがて監督に就くはずだ。

財を遺すは下、仕事を遺すは中、人を遺すは上なり。

私はこれを監督生活24年の間、座右の銘としてきた。近代日本の礎をつくった政治家、後藤新平の言葉であり、財産や業績を遺すより、人を遺すことが最も価値があるという意味だ。

この点においても、私が尊敬し、目標とした川上哲治さんは群を抜いている。

広岡達朗さんを筆頭に、長嶋茂雄、森祇晶、王貞治、土井正三、高田繁、堀内恒夫と幾人もの門下生が監督を務め、実績をあげた。このうち広岡さん、長嶋、森、王は日本一にもなっており、

4人でリーグ優勝21回、日本一13回を達成している。

私は川上さんの足元にも及ばない。

ヤクルト監督時代の最後の2年間、球団の「後継者づくりをしてほしい」との要望に応え、打撃コーチの若松勉を私の隣に置いて英才教育を施したことがあった。若松は外野手出身監督として初めて日本一になったが、私とは監督と選手という関係になかった。

広島監督として日本一に3度輝いた古葉竹識《こばたけし》は、私が南海で選手兼任監督をした時代に、選手・コーチとして3年間働いてくれた。しかし、年齢は私より一つ下でしかないし、私が教育したと言ったら少々口はばったい。

現時点で私が教えた選手で監督になったのは古田敦也、真中満の2人だ。真中はリーグ優勝は達成したが、日本一には至っていない。日本ハムの栗山英樹は私の指揮下にいたのは1年に過ぎないから、教え子とは言えないだろう。

まだ監督になっていない私の教え子のなかで指揮官としての資質ありと考えるのは、宮本慎也、稲葉篤紀、山﨑武司の3人だ。いずれもしっかりした野球の知識や理論を持ち、人望もある。宮本、稲葉は真中とともに、ヤクルトの努力家三羽烏と称された。

ただ、宮本、稲葉、山﨑は処世術に長けていない点で共通する。それでも私は生きているうちに彼らが日本シリーズで相まみえる姿を見てみたい。

【第五章】

人材育成の極意

NOMURA'S METHOD

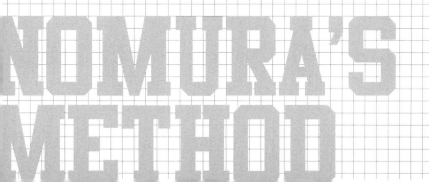

NOMURA'S METHOD

人は叱ってこそ育つ。

No. 081

いつの頃からか、日本では「ほめて育てる」という教育法が定着した。おだてたり、すかしたりして子供を育てる親が増えているようだ。学校や職場もそうだという。

どうやらプロ野球界も、これに右へ倣えであるらしく、若い監督や外国人監督が「選手をいかに気持ちよく、のびのびプレーさせるかが大事」などとコメントするようになった。

結論を言えば、私は「ほめて育てる」教育には反対である。

ほめられるばかりで、叱られることに慣れていない子供が大人になり、社会に出たら、どうなるだろうか。ちょっとした苦難に遭遇しただけで、すぐに挫折し、ほめてくれる誰かに出会うまで社会から逃避し続けるのではないかと、私は心配する。

あるいは、親や教師がほめるばかりで、少しも叱らないのは、子供に反抗されるのが怖いからではないかという気もする。

私もほめることをしないわけではないが、選手指導の基本は叱ることに置いた。

選手は叱られることで、「なにくそ！」「必ず見返してやる」と反発する。その気持ちが大事なのだ。高くジャンプするために膝をかがめて反動をつけることが必要なように、叱って選手を押さえつけることで、成長に必要な強い反発力や反動が生まれる。

さらに、叱られた選手がそこで何を感じるかが重要だ。「どうして自分は叱られたのか」「何が足りなかったのか」と自問自答することで成長は促される。

私が叱り続け、厳しく接することで、一流になった選手に古田敦也がいる。

古田には配球を勉強させるために、守るとき以外は私のそばに座らせた。

配球で大事なのは、なぜそのボールを投げさせたかという根拠だ。得点差、イニング、アウトカウント、ボールカウント、打順、バッターのタイプと心理など考慮すべきすべてを考えたうえで、キャッチャーはサインを出す。古田にもそこを毎回問いただした。

「なぜ、あそこでカーブを要求したのか」「真っすぐを2球続けた根拠は何か」……。

彼が「何となく」とでも答えようものなら、こっぴどく叱りつけた。

「バカ野郎！　おまえのサイン一つで試合を落とすんだぞ。その責任を自覚しろ！」

プライドの高い古田が頭にこなかったはずはない。「この野郎！」と腹のなかでは思ったはずだ。それでいいのである。彼はその悔しさ、反発心を闘争心や向上心に変え、球界を代表するキャッチャーへと成長した。

NOMURA'S METHOD

結果論で叱ってはならない。

No.082

叱られることを成長の糧に転換できる選手は間違いなく成長する。現在、ヤンキースで活躍する田中将大もこんなことを言っていた。

「ほめられるより、きついことを言われるほうがいいですよ。そのほうが〝やってやろう〟という気持ちになりますから」

田中は自分の将来にとって何が必要かをよくわかっている選手だった。

ところで、叱る際には注意すべき点がある。それは「結果論では叱らない」ということだ。

最近は、何かと「結果がすべて」という言葉が強調される。企業も成果主義を導入し、売り上げが伸びたか、利益が出たかを最優先する傾向にあるようだ。

プロ野球も「結果がすべてですから」と口にする監督やオーナー、球団社長が多くなった。もちろん、プロである以上、結果や成果が問われる面は否定しない。私もそんな勝負の世界で生きてきた。しかし、そのような世界で生きてきたからこそ、結果論だけでものごとを判断する風潮には異議を唱えたい。

仮に若いバッターがチャンスに三振で倒れたとしよう。そのとき、三振したという結果だけで彼を叱ったらどうなるか。

まず「怒鳴られないように、次は三振だけはしないようにしよう」と考えるだろう。その結果、小手先だけのバッティングに走って悪球に手を出したり、彼の思い切りの良さを失わせたりしたら、才能の芽を摘むだけである。

問題にすべきは三振の内容である。何も考えずに打席に入ったようなら、もちろん叱ればいい。しかし、得点差やアウトカウントなどの状況を頭に入れる、バッテリーの心理や配球を考え、狙い球を絞る……。そうしたさまざまな準備をしての三振であるなら叱る必要はない。監督やコーチは次につながる的確なアドバイスをそこですればいいのだ。

もう一つ、「叱る」を「怒る」「怒鳴る」と混同してはならない。「叱る」と「ほめる」は根底に愛情があるという意味で同意語だと私は考えている。

これに対し、「怒る」「怒鳴る」は自分の保身を優先した、感情の発露に過ぎない。はっきり言えば「こいつが働いてくれないと都合が悪い、自分が困る」から怒るのだ。

選手も自分が今叱られているのか、怒られているかはわかる。怒られているだけだと思えば、それは必ずや不信感へとつながっていく。

NOMURA'S METHOD

人は「無視・称賛・非難」という段階で試される。

No.083

これは私がいろいろなところで述べてきた言葉である。私にとっては人材育成の根幹を成す原理原則とも言っていい。

第一段階として、まだ海のものとも山のものともわからない、あるいは箸にも棒にもかからないレベルの連中は無視する。人間にとって一番辛いのは怒られることでも、貶されることでもなく、無視されることだ。そこで「認められたい」「もっと自分に注目してほしい」と感じることが、より一層の努力や奮起を促す。無視されてふてくされたり、意気消沈したりしているようだったら、それは見込みがない人間なのである。

「無視する」の反対語は「愛する」だと聞いたことがあるが、私の場合、「無視する」と「愛する」は同義だ。無視するとは黙って見守ることであって、嫌いだから無視しているのではない。その点を承知してほしい。

第二段階の「称賛」はある程度成長し、プロでやっていけそうな可能性が見えてきたタイミングで実行する。ずっと無視されてきたのだから、ほめられれば嬉しいに決まっている。「もっと頑張ろう」という意欲も湧く。

ただし、「称賛」の段階でのほめすぎは禁物だ。おだてて、調子に乗せるだけでは、本人のためにはならない。自分は一流だとうぬぼれ、勘違いするだけである。だから、どこか一点、ここというポイントをさりげなくほめるぐらいがちょうどいい。要するに、ほめられているうちはまだまだであるということだ。そこで、第三段階の「非難」が重要になってくる。

非難は「その程度で満足してもらっては困る」「もっと高いレベルに成長し、チームの中心になってほしい」という期待を込めてするのである。非難されることで、闘争心や反骨心を駆り立ててほしいのである。

ただ、選手によっては「無視」「称賛」の段階をすっ飛ばして、「非難」の連続だったケースもある。本書では何度もネタにしている古田だ。守備の要である正捕手として彼を指名したのだが、ゆっくり時間をかけているヒマはなく、彼をほめたことは一度もなかった。

私がヤクルト監督に就任して、3年か4年経った頃には、レギュラー選手の多くは「監督に非難されるようなら一人前」と思っていたらしい。それだけ私の指導法が浸透していたということである。

NOMURA'S METHOD

不器用は天才に勝る。

No.084

天才などという人種はめったにいるものではない。

日本ハムの大谷翔平のように160キロ以上の速球を連発できるピッチャーがこれまで日本にいただろうか。60本以上のホームランを打った日本人バッターがいただろうか。残念ながら、4割を打ったバッターだっていないのだ。あのイチローでさえ達成できなかった。

そう思えば、プロ野球界に入ってくる人間も、プロというレベルを基準に見れば、ほとんどは凡才である。しかし、私は凡才でいいと思っている。変に才気走っていたり、器用であったりするより、不器用のほうがよほどいい。

大事なのは自分が不器用であることを自覚し、そこから何をするかである。

1997年、広島を自由契約になった小早川毅彦がヤクルトの一員となった。まだ彼の潜在能力は十分戦力になると考えた私はキャンプでじっくり話をした。

「おまえ、自分を器用だと思うか、それとも不器用だと思うか、どっちだ?」

「不器用だと思います」

「その割には落合やイチローと同じように、〝来た、反応した、打った〟という天才型のバッティングをしてないか。ストレートを待って、変化球に対応するなんてバッティングはおまえには無理だろ。もっと配球を読んで、ヤマを張ったらどうだ?」

「広島時代は〝ヤマを張るな〟とやかましく言われました。集中して、来た球を打てと……」

「自慢じゃないが、俺は日本一のヤマ張りバッターだ。それで三冠王も獲ったし、ホームラン王も何度も獲った。不器用は不器用に徹した考え方をすれば、プラスアルファは得られるんだよ。2割5分のバッターは100打席で25本のヒットを打つ。一流と言われる3割バッターは30本だ。わずか5本の違いくらい何とかなると思わんか。データや傾向を調べて、確率の高いバッティングをすれば、まだまだやれるぞ」

要するに、小早川にもっと頭を使って入念な準備と対策をする重要性を説いたのである。

こうして迎えた開幕戦。相手は巨人、先発はエース斎藤雅樹。前年まで3年連続で開幕戦を完封で飾っている難敵だ。しかし、小早川は私のアドバイスに従い、狙い球を絞って第1打席でホームランを打つと、第2、第3打席もホームラン。見事に斎藤を攻略した。

結局、この年、小早川は116試合に出場し、私のヤクルト時代の「最後の優勝」に大きな貢献をしてくれたのだった。

NOMURA'S METHOD

短所を克服しなければ、長所は宝の持ち腐れ。

No.085

「短所は無視していいから、長所を伸ばすことを考えろ」と教える指導者が多いのは、「ほめて育てる」指導が定着していることと関係あるのだろうか。

私にはこれが理解できない。むしろ、私は自分の短所、欠点、弱点を知り、それを克服しなければ成長は難しいと考える。つまり、私の育成の基本方針は「長所を伸ばすためには、短所を直す」というものだ。

その選手の強みや得意なことは、放っておいてもある程度自然に上達するが、弱みや苦手なことは意識して練習しない限り、よくはならない。短所を改善できるから、長所がより伸びていくのである。

これは私自身が体験したことだから、自信をもって断言できる。

私はプロ3年目の1957年、中西太さん、山内一弘さんらパ・リーグの錚々たるスラッガーを抑えてホームラン王を獲得し、3割も打った。しかし、その後2年間低迷した。

第一章でも述べたように原因は明らかだった。カーブが打てないからだ。ストレートには滅法強いが、カーブには手も足も出ない。当然、相手バッテリーは私に対してカーブで勝負してくる。スタンドから「カーブが打てないノ・ム・ラ！」と野次られたこともあった。

この場合、ストレートに強いことが私の長所であり、カーブを打てないのが短所である。長所であるストレート打ちの技術をいくら磨いても、短所であるカーブ打ちがうまくなるわけではない。それどころか、カーブが打てないという短所が、ストレートに強いという長所まで消してしまっていた。

私は弱点を克服しようと必死に練習した。人の3倍も4倍もバットを振った。それでも試合でカーブを打てるようにはならなかった。カーブだとわかっていればなんとか対応できるが、読みが外れると、まったくタイミングを合わせられなかった。

私がデータから配球を読み、ピッチャーのクセで球種を見抜く努力をするようになったのは、このときからである。短所を克服するための努力が、私を大きく成長させてくれたのだ。ただガムシャラに練習しているだけでは、その後の私はなかった。

ピッチャーも同じである。どんなに速いストレートを持っていても、変化球が投げられなければ、プロではまず通用しない。短所や欠点を克服しなければ、せっかくの長所も宝の持ち腐れに終わる。指導者はそのことを肝に銘じていただきたい。

NOMURA'S METHOD

トップのひと言が自信を育てる。

No.086

南海時代の私は鶴岡監督から繰り返し非難を浴び、散々こきおろされた。それでもたった2回だが、ほめられた経験がある。

1度目はプロ3年目、春のハワイキャンプの直後である。

私はこのとき用具係を兼ねてメンバーに選ばれたに過ぎなかったが、控え捕手が現地で遊びすぎて鶴岡さんの逆鱗に触れ、私にも先発マスクのチャンスが巡ってきた。

幸運なことに当時のハワイ野球のレベルはそれほど高くはなかったため、私は存分に力を発揮し、ハワイ野球連盟から新人王にも選ばれた。

そして帰国した翌日のことだった。新聞に掲載された鶴岡監督の談話を見つけた私はその場で飛び上がりたいほど感激した。

「ハワイキャンプは失敗だったが、野村に使えるメドがついたのは収穫だった」

わずか数行のコメントが、私に「なんとかプロで飯を食っていけそうだ」という自信を植え付けたのである。

この年から私は待望のレギュラーの座を獲得した。しかし、ホームラン王になっても、チームが優勝しても鶴岡さんにほめられることはなかった。

鶴岡さんは当時の西鉄の中西太さんや稲尾和久を見ては、

「よ〜く見とけ。あれが銭の取れる選手や。おまえらはあいつらに比べたら話にもならん」

とほめるばかりで、自軍の選手はくさすだけだった。

そんな鶴岡さんに、ある日の試合前、ロッカールームへと通じる廊下ですれ違った。こちらが「おはようございます」と挨拶しても、たいていは無視。機嫌がよいときでも「おぅ」としか返事はない。ところが、この日はなぜか違った。

「野村よ、おまえ、ようなったな」

思わず自分の耳を疑った。今人生を振り返っても、一番嬉しかった瞬間かもしれない。「ちゃんと見ていてくれたんだ」と思うと、体が熱くなり、心の底から喜びがあふれてきた。27年もの間、現役が続けられたのはこの言葉があったからである。

このとき、鶴岡さんは、単なる気まぐれで「ようなったな」と口にしたのだろうか。それとも私の心を読み、計算ずくで声をかけたのだろうか。もし後者であるとすれば、鶴岡さんは人心掌握術の天才である。

NOMURA'S METHOD

「失敗」と書いて「せいちょう（成長）」と読む。

No.087

2007年は田中将大が楽天に入団したシーズンだ。本来なら、二軍でじっくり育成したいところだったが、楽天の手薄な投手層がそれを許さなかった。どう考えても彼を頭数に入れないと、先発ローテーションが回らないのである。

私はどうせ試練を与えるなら強いチームのほうがいいと考え、開幕第3戦のソフトバンク戦に先発させた。当時のソフトバンクは三冠王の松中信彦やホームラン王の小久保裕紀らが揃った強力打線が看板のチームである。

案の定、田中はめった打ちにされた。2回途中で6安打、6失点。わずか57球でマウンドを降りなければならなかった。

その後も田中は日本ハム戦、西武戦と2試合続けて途中降板。しかし、私はまったく心配していなかった。打たれてベンチに戻ってきた彼の顔がいいのである。「もうダメだ」という表情がまるでない。失敗を失敗のまま終わらせるのではなく、次に活かすのだという闘争心が見て取れた。事実、試合を重ねるごとに内容はよくなった。

しかも不思議なことに田中は途中降板しても黒星がつかない。打線が奮起して負けを消してしまうのである。まるで彼の闘争心が各バッターに伝染したようだった。私が「マー君、神の子、不思議な子」と呼んだゆえんである。

そして、4試合目の登板となった4月18日のソフトバンク戦。田中は強気に内角を突くピッチングで13三振を奪い、2失点完投勝利を挙げた。140球を投げ切る熱投であった。

私は「失敗」と書いて「せいちょう（成長）」と読むことにしている。

なぜなら、失敗には学ぶべき点が多数あり、失敗を重ねることで人は成長するからだ。何がいけなかったか、どこを改善すればいいのか、勝つために何が必要なのか……反省し、考えることが選手を飛躍的に成長させる。田中はそんな私の持論をまさに身をもって示してくれたピッチャーだった。

失敗から学び、次へつなげる彼の野球への取り組みはメジャーに行っても少しも変わっていない。おそらくメジャーを代表するエースへと成長するだろう。

監督は選手が一度や二度失敗した程度で、「この選手はダメだ」と、軽々に烙印を押してはいけない。その選手が成長への足掛かりをつかみつつあるかを見極め、何度もチャンスを与える度量が必要である。

NOMURA'S METHOD

No.088

「火事場の馬鹿力」を引き出せ。

昔使われていた言葉がいつのまにか使われなくなり、若い人には意味も通じなくなっていることがある。しかし、さすがに「火事場の馬鹿力」はまだ死語ではないだろう。人間、追い詰められたときには驚くほどのパワーを発揮するという意味だ。

私が他のチームを自由契約になったり、戦力外の通告を受けたりした選手を獲得し、再生するときに行うのも、乱暴な言い方をすれば「火事場の馬鹿力」を引き出すことである。

一度、どん底に落ちかけた選手は一様に「もう一度花を咲かせたい」「自分を解雇した監督や球団を見返してやりたい」という気持ちを強く持っている。だから、どんなに辛いことでも辛抱するし、アドバイスにも素直に耳を傾ける。

しかも、たいていの選手が家族を抱え、生活がかかっている。そうした精神的な底力と、観察してわかったその選手の長所を利用し、あとは足りないものに気づかせればいいのだ。

阪神の遠山奬志もそうやって再生した。遠山は阪神にドラフト1位で入団し、その後、ロッテに移籍。一度は打者に転向したが芽が出ず、自由契約になった後、１９９８年にテスト入団で阪神に復帰した左腕である。

遠山には「もうあとはない」という崖っぷちに立たされた反骨心と闘争心はあった。だが、往年の球速はない。そこで私は、彼の先発への未練を断ち切った。

「おまえに先発はもう無理や。けれど、ピッチャーには中継ぎ、ワンポイントリリーフ、クローザーの仕事もある。おまえの現状の力から判断して、左打者のワンポイントリリーフだったら、まだ十分戦力になる」

ただし、球種がストレートとスライダーしかなかったので、シュートをマスターさせ、サイドスローへの転向を勧めた。ソフトバンク（16年オフに巨人に移籍）の森福允彦《まさひこ》を見ればわかるように、ほとんどの左バッターにとって、左のサイドスローほど嫌なものはない。

とりわけ左腕のスライダーとシュートは左バッターへの強力な武器となる。外のスライダーを踏み込んで打とうとすれば内角にズバッとシュートが食い込み、シュートを意識すれば外角に逃げていくスライダーにバットが届かない。

私が与えた課題をクリアした遠山は１９９９年に見事に復活した。セ・リーグの左の強打者を次々にワンポイントで打ち取った。なかでも松井秀喜をこの年、13打数無安打に抑え込み、すっかり「ゴジラキラー」として名を馳せた。

NOMURA'S METHOD

再生の極意は何か。愛である。

No.089

これまでに私は、峠を過ぎたと思われた選手、他球団では芽が出なかった選手を何人も生き返らせ、いつしか「野村再生工場」と呼ばれるようになった。

これは私が預かったチームがいずれも満足な戦力がないため、やむを得ず知恵で補った結果である。戦力不足という非常事態が再生工場を稼働させたのだ。

再生工場は私が南海で選手兼任監督をしていた1972年に始まった。それまでプロで1勝も挙げていなかった東映の江本孟紀は、南海にトレードでやってきたこの年から9年連続で二ケタ勝利を記録している。翌年、巨人から獲得した山内新一は前年の0勝から、いきなり20勝投手に変貌した。

その後もヤクルト、阪神、楽天で選手を蘇らせ、やがてマスコミが「野村再生工場」と騒ぐようになると、他球団は「野村がほしいと言っている選手は出すな」と警戒するようになった。私は皮肉を込めてこう言ったものだ。

「資金力のある球団はポンポン選手を捨てる。私はゴミ箱を漁って、まだ使える選手を拾ってくる。要するにプロの指導者として目利きであるかどうかの差や」

選手の隠れた才能や長所をろくに探そうともせず、あっさりお払い箱にしてしまう球団や指導者の姿勢を私は許せなかったのである。

再生とはその選手をじっくり観察し、持っている才能や長所の活かし方や活かす場所を見つけることだ。それほど難しいことではない。

これまで何度も「どうやって再生させるのですか」と聞かれてきたが、答えは同じである。

「その選手に対する愛情、その選手をなんとかしようという情熱です」

私の弱点が非情に徹しきれないことであるのは第四章で書いた。だが、非情になれない、つまり情が強いことが再生工場の動力源になっているのも確かだ。そして再生に限らず、選手を育成していくうえで最も大切なのは愛情だと今でも信じている。

なお、再生させたい選手はいきなり大事な場面に使うのが私のやり方だ。彼らは「えっ、こんな場面で俺を使ってくれるんだ」と意気に感じる。もし、それが凶と出ても私が責任を負うだけだ。選手はまだ力不足だと反省し、やり直してくれればいい。逆に吉と出た場合は、たいへんな自信になる。不思議なもので顔つきまで変わってくる。

才能とは自分を信じることだ。自分を信じられないうちは才能が開花したとは言えない。

NOMURA'S METHOD

配置転換で眠っていた才能を目覚めさせる。

No. 090

強いチームほどレギュラーメンバーはある程度固定化されている。しかし、固定化が組織のマンネリ化や選手の安住化につながるのもたしかだ。そこで空気を入れ換え、組織を活性化するために行うのが配置転換である。企業でもよく行っているはずだ。

私はヤクルト監督就任1年目に大幅な配置転換を行った。

まず外野の杉浦享《とおる》を一塁に固定し、広沢克己には三塁、一塁、外野のどこでも守れるように練習させた。前年の開幕捕手だった秦真司はリード面で問題があったので、外野にコンバート。そして、もうひとりのキャッチャー、飯田哲也は二塁にコンバートした。これが大成功で、彼は野手として大ブレイクしたのだった。

飯田との出会いは鮮烈だった。

ユマでのキャンプ初日、足の速い選手を集めて競争させたところ、素晴らしい快足を見せたのが飯田である。キャッチャーをやっているくらいだから、肩もいい。

私は本人に「キャッチャーは好きか」と率直に聞いてみた。すると、一呼吸おいて「ええ、好きです」という答えが返ってきた。私はその一瞬の間合いに、彼がキャッチャーというポジションにそれほどこだわっていないのを読み取った。「好きです」はキャッチャー出身の私に対する遠慮から出た言葉に違いない。

そこで私は、キャッチャーミットしか持っていない飯田に「野手用のグラブを買ってやるから」と約束し、野手に転向させたのだ。

野球には9つのポジションがある。このなかで脚力を活かせるのはセカンド、ショート、センターだ。飯田にはまずショートをやらせたが、身のこなしが今一つだったので、セカンドに回した。前年に新人王を獲得した笘篠賢治に刺激を与える狙いもあった。ところが、飯田はシーズンに入ると、打つわ走るわの活躍で笘篠を追い抜いてしまった。

話はこれで終わらない。翌年、外国人内野手の加入で、飯田はセカンドをはじき出され、今度はセンターに回ることになった。これこそ運命のいたずらだろう。飯田はセンターというポジションで水を得た魚のように躍動する。結局、7度のゴールデングラブを受賞するなど、俊足と強肩で球界を代表する外野手へと成長した。

飯田が配置転換で成功したのは、試合に出られるならどこでもいいという素直な気持ちがあったからだ。素直さや謙虚さは成長には欠かせない姿勢である。

NOMURA'S METHOD

No.091

迷ったら、困難なほうを選べ。

ほとんどのプロ野球選手は「グラウンドでも私生活でも自分の好きなように、自由にやらせてほしい」と考える。誰だって遊びたいし、楽をしたい。辛いこと、苦しいこと、難しいこと、面倒くさいことは避けたいものだ。

しかし、岐路に立たされたときほど、辛いこと、実現が困難なことのほうを選べば、必ず進歩し、成長するというのが私の経験則である。

ある企業が「易きになじまず難きにつく」という創業者の言葉を大切にしているということを知り、素晴らしいことだと思った。生易しい、簡単な道を歩むのではなく、困難な険しい道を歩まなければ成長も飛躍もないということである。これはビジネスの世界に限らず、プロ野球界においても言えることだ。

誰でもわかるように、野球には相手がいる。相手も勝ちたいのである。ましてプロともなれば、ラクには勝てないし、ラクに成功はできない。

そこで私が弱者の方策として提唱したのがデータ重視である。これを選手に納得させるために、初歩の初歩から教えなければならなかった。たとえば、ピッチャーとキャッチャーには「何のためにどこに投げるかを考えよ」と常に言った。つまり、バッテリーは1球1球に目的と根拠を持たなければいけない。

カウントが1ボールノーストライクなら、次はストライクがほしい。ノーボール1ストライクなら、次は1球ボールを投げてもいい。

このようにカウントはすべて性質を持っているのだ。そこで、私は0‐0から3‐2まで12種類のカウントの表を貼り出して説明した。いちいち覚えなくても、カウントの重要性をまず理解してくれればいい、野球とは根拠のないカンやひらめきでやるものではないということをわかってほしかったのだ。

こんな私の教え方に、あるピッチャーがこんな感想をもらした。

「ピッチャーはフォームのことだけ考えていればいいと思っていました」

野球というスポーツを真剣に考えたことがなかったのだ。私の話に驚いていたのは若い選手ばかりではない。むしろ30代のベテランに多かった。それは彼らの目を見ればわかる。

考える野球は何も考えない野球に比べ、はるかに面倒だ。ラクではない。しかし、ラクな道ばかり歩んでいたら未来は見えてこない。

NOMURA'S METHOD

欲から入って、欲から離れる。

No.092

人間には欲がある。その欲が成長の原動力にもなる。

バッターなら「首位打者を獲りたい」「ホームラン王になりたい」と考える。ピッチャーなら「20勝を挙げたい」「最多勝のタイトルを獲得したい」と思う。あるいは「早く1億円プレーヤーになりたい」というのもいいだろう。

私自身は大金を稼ぐのが目的で、プロ野球の世界に身を投じた。貧乏から抜け出し、苦労して育ててくれた母と、私に野球をやらせるために大学進学をあきらめた兄を楽にしてやりたいと思った。豊かな生活に慣れた今の選手にはわからないかもしれないが、ハングリー精神が私の野球選手としての気持ちを支え続けてくれたのである。

だから、私は欲を肯定する。

しかし、勝負の場においては欲をコントロールしなければならない。

最終回、一打出れば逆転サヨナラの場面に打順が回ってきたとしよう。プロの選手であれば、ここでヒットを打ってヒーローになりたいと思うのが当然である。「打てなかったらどうしよう」と弱気になるより、「俺がきめてやる」くらいの気概で打席に入るべきだ。

だが、「勝ちたい」「打ちたい」「目立ちたい」という自意識や欲求の強さだけが前に出ると、結果は往々にして凶と出る。せっかくピッチャーの投球が甘いコースに入ったにもかかわらず、無駄な力がバットに伝わって凡打となってしまう。よくあることだ。

つまり、欲が体をこわばらせ、バッティングを崩すのである。「待ってました」とばかり、バットを振っても、どこかフォームがズレているのだ。私も決して神経が図太いわけではなかったから、力んで失敗したことは幾度もあった。ピッチャーにしても「負けられない」と力むと、微妙にフォームが狂い、コントロールは定まらなくなる。あるいは「最後は真っすぐを投げて三振でカッコよく終わりたい」などと思ったとたん、ボールは甘くなり、痛打される。

欲は大事なモチベーションだが、いざという場面では欲を捨て去らなければならない。真剣勝負の場面では欲も邪念の一つと心得てほしい。

バッターだったら、打席に入ってバットを構えた瞬間から、ピッチャーであればキャッチャーのサインに肯いた瞬間から、すべての邪念を捨て、目の前の相手に対して集中する。「欲から入って、欲から離れる」とはそういうことである。

それができるか否かが、一流と二流の分水嶺と言っていい。

NOMURA'S METHOD

小事が大事を生む。

No.093

監督は小事、細事にまで目を配り、采配をふるわなければならない。しかし、小事、細事を大事にしなければならないのは選手も同じだ。

2004年、イチローが262本というメジャーのシーズン最多安打を記録したときにインタビューでいいことを言っていた。

「小さなことを重ねることが、とんでもないところへ行くただひとつの道だということ」

イチローが言った「小さなこと」とは1本1本のヒットだけを意味しているのではない。彼の日々の習慣や練習も含めてのことだろう。ネクストバッターズサークルでの屈伸、バッターボックスに入る前の動作に至るまで、ロボットのように習慣化されたスタイルのすべてがイチローにとっては欠かせない「小さなこと」であり、それを積み重ねることによってたどり着いたのが彼の偉大な記録の数々だ。

これは一流と言われる選手には共通する点でもある。

落合博満もバッターボックスに入るときの仕草は非常に細やかだった。球審の後ろからバッターボックスの線の角度を確かめたり、慎重に軸足を決めたりと常に神経を使っていた。バットの製造工場を訪れ、バットを削ってもらいながら、0・1ミリにも満たない違いで「握りがおかしい」「これは使えない」と言っているのをテレビで見た記憶がある。

今、テレビで「喝!」だの「あっぱれ」だの言っている張本勲も、外見はふてぶてしく、豪快なイメージがあるが、バッターボックスに立つ位置にはおそろしく気を遣っていた。ホームベースにバットを置いて、バットの長さで軸足を決めるのだが、それでもどうしても集中できないときは「タイム!」と言ってバッターボックスを外したものだった。

守備の名手と言われる選手はグラブに対してはおそろしく神経質だ。

私が南海に入団したときは「100万ドルの内野陣」と言われるほど内野の名手が揃っていたが、印象に残っているのがショートの木塚忠助さんだ。木塚さんは新聞記者がちょっとでも自分のグラブに触ろうものなら、烈火のごとく怒ったものだ。最近では西武の新監督となった辻発彦。ロッカーにピシッと型崩れしないように置かれたグラブは他人が触れる雰囲気ではなかった。

こういう感性が重要なのである。小事、細事に気を配るということは自分の打撃や守備の小さな変化や問題点にも気づくということである。そして、それを修正する術も心得ている。小事、細事に気づかず、それが積み重なれば、どうなるかはおわかりだろう。

NOMURA'S METHOD

人を動かすには「論理」「利害」「感情」の3原則がある。

No.094

今、二刀流と言えば日本ハムの大谷翔平だが、私が阪神の監督に就任してすぐやったのが、新庄剛志の二刀流挑戦だった。単なる話題づくりでやったのではない。

秋季キャンプでたまたま新庄と立ち話をする機会があったので、バッティング理論についていろいろ意見を交わした。しかし、新庄は話の途中で、「すみません。これ以上監督の話を聞いてもわかりません」と言う。これは教育の方法を変えねばと思った。

人を動かすには「論理」「利害」「感情」の3原則がある。これを新庄にあてはめると、口で説明してもダメということは、「論理」では動かないということだ。「利害」とは、要するにお金である。金を出すのは球団だから、私にはできない。

残るは「感情」だ。それで彼にピッチャーをやらせてみようと思ったのである。

つまり、バッターボックスだけからボールを見ているより、マウンドからバッターなりストライクゾーンを見れば、何か感じることがあるだろうと考えたわけだ。

まして新庄はイチローに匹敵する強肩の持ち主である。「思い切りストレートを投げ込んだら、ひょっとして清原和博や松井秀喜を牛耳ることもできるのではないか。まあ、ダメもとでやってみよう」という気持ちだった。

体のメカニズムを考えてもピッチャーをやるメリットはある。新庄という選手は上半身が強い。ピッチャーを経験することで、下半身の大切さを認識してくれれば、バッターとしても一段と成長するはずなのだ。

安芸での春季キャンプの頃には、新庄がこんなことを言うようになった。

「今までピッチャーを見ていて、ただ投げるだけで、野手よりラクだと思っていました。それがこんなにたいへんだとは……。ストライクを投げることがいかに難しいかわかりました」

私はすかさず言った。

「コーナーに投げるのはもっと難しいぞ。だから、バッターはコーナーに狙ったボールが甘いコースに入ってくるまで待てばいいんだ。わかるな?」

結局、オープン戦で数試合投げただけで新庄の二刀流は終わったが、打者として成長したのは明らかだった。翌シーズンには打率・278、28本塁打、85打点というキャリアハイの成績を残した。そして次の2001年には海を渡り、メジャーリーガーとなった。

NOMURA'S METHOD

人間の最大の罪は鈍感である。

No. 095

現役時代、私は敵が盗塁やヒットエンドランを仕掛けてくる場面で、それを見破り、ウエストしてランナーを殺したことが何度もあった。

いろんな人から「どうしてわかるのか」と訊ねられたものである。オープン戦で対戦した、あるセ・リーグ球団の走塁コーチは遠征先のホテルにまで押しかけてきた。「なんとか教えてくれませんか」と粘られたが、企業秘密だからと断った。

今なら堂々と答えられる。何も特別な秘訣や秘密があるわけでなく、「観察と執念」の賜物でしかないのだ。

盗塁やヒットエンドランのサインが出されると、ほとんどの選手は塁上での動きに変化が現れる。それを観察し、感じ、見抜くのだ。言葉で言うほど簡単ではないが、繰り返し観察し、確認して目を鍛えることで、それまでは見えなかった予兆が見えてくる。動作がせわしなくなる、何となくソワソワする、ふだんよりユニフォームを触る回数が増える……。変化は人それぞれだが、必ず手がかりはある。

こうした観察する力、感じる力、見抜く力が乏しく、毎回盗塁やヒットエンドランを許しているようなら、キャッチャー失格だ。

もちろん、これはキャッチャーに限らず、ピッチャーにも野手にも言えること。だから私は選手たちにこう言って教育してきた。

「人間の最大の罪とは鈍感である」

たとえば、ピッチャーがキャッチャーのミットをめがけて投げたのに、ボールが大きくそれるとしたら、そこには必ず原因がある。フォームのブレなのか、リリースポイントが狂ったのか、それ以前の精神的な問題なのか……。そこを感じ、気づかない限り、いつまでたっても狙ったところには投げられない。つまり、気づかない人は失敗を何度でも繰り返す。失敗から何かを学び、修正することができないのだ。だから「最大の罪は鈍感」なのである。

逆に、鋭敏な感性を備え、いついかなるときも全神経を集中して観察し、感じる力がある選手は成長する。

小さなこと、細かいことに気づけば、変化が生まれ、それが積み重なれば大きな進歩へとつながる。ここでも先に述べた「小事が大事を生む」の言葉が生きてくる。

人間、ただ一生懸命練習し、勉強するから伸びるとは限らない。

NOMURA'S METHOD

5年で獲れなければ、タイトル獲得は難しい。

No. 096

私は監督としてチームの勝利を第一に考えたが、選手の個人記録やタイトルを無視するようなことはなかった。逆にかなり気を遣っていた。

なぜなら、選手の成長のために個人記録やタイトルは非常に大切だからである。私自身がそうだったから、よくわかる。プロ入り4年目でホームラン王を獲得することで、ようやくプロでやっていける自信がついた。

なお、私には「タイトルは5年以内に獲れなかったら、よほどの運がない限り獲得は難しい」という持論がある。この場合の5年とはレギュラーになって5年ということだ。

ちなみに私がホームラン王を獲ったのはレギュラーになって2年目だった。王は3年目、落合博満は2年目、松井秀喜は5年目。最近ではヤクルトの山田哲人がレギュラー定着2年目で、筒香嘉智が5年目で獲得している。イチローの首位打者もプロ3年目、レギュラー1年目だった。

もちろん、長嶋茂雄のようにルーキーでいきなりホームランと打点の二冠（打率も2位）を獲得した、とんでもない天才もいる。ピッチャーを見ても野茂英雄や松坂大輔はルーキーイヤーにいきなりタイトルを獲得した。

いずれにしても5年以内にタイトルを獲った選手は、その後もタイトルの常連となっている。逆にこの時期に獲れないと、無冠のままで終わる傾向は強い。清原和博、高橋由伸、立浪和義らは新人時代から活躍しながら、とうとうタイトルには縁がなかった。

若いときに、周囲を気にせず無我夢中でタイトルを獲ってしまうと精神的にラクなのはたしかだ。ベテランになるほど、タイトルへの欲も強くなる。マスコミなど周囲も騒ぐから、必要以上に意識させられる。だから獲れるものなら、若いうちに獲ったほうがいい。

その意味では古田敦也は強運だった。ヤクルト入団当初、私は「打撃は2割5分でいい」と考え、守備を期待していた。ところが、私のマンツーマン指導で配球を覚え、それを打つほうにも生かし打撃開眼したのである。

そして2年目の1991年に打率・340で首位打者を獲ってしまった。しかも、落合と最終戦まで争ってのタイトルだったから価値がある。

このときの首位打者獲得が、その後の古田の野球人生を変えたのは間違いない。野球選手としての自信が育ち、チームリーダーとして責任も芽生えた。とうとう2000本安打も達成した。タイトルが人をつくるのだ。

NOMURA'S METHOD

弘法も筆を選ぶ。

No.097

現役時代、私は普通の長距離打者よりグリップが太いバットを使っていた。グリップの細いバットのほうが、遠心力が効いて飛距離が出る。しかし、手首が早くかえってしまってミートするのは難しい。そこで、私は手首をこねくりまわすことなく、ボールを確実にとらえるために、グリップがやや太めのバットに変えたのだ。

「弘法筆を選ばず」というが、私はこれを間違いだと思う。どんな名人であっても道具の善し悪しが結果を大きく左右する。バットも自分の体に合った、一番しっくりくりするものを見つけることだ。選手一人ひとり筋力も体型も違うのだから、使うバットが違って当然なのである。

阪神の赤星憲広もバットを変えて成功した選手だ。彼の入団当時のバッティングは散々なものだった。打撃練習で打球が内野手の頭を越えていかないのだ。

それもそのはずである。170センチ、66キロと小柄で非力であるにもかかわらず、長距離打者が使うようなグリップの細いバットを使っていた。

これは子供の頃から金属バットで野球をやっているため、グリップの細いバットに慣れてしまっているからでもある。だが、赤星のような非力なバッターが木製バットでグリップの細いタイプを使うと、力負けしてしまう。また、グリップは細いほど重心がヘッド寄りになるため、重く感じ、ヘッド操作が困難になる。

私は彼のバットをこけし型のグリップの太いタイプに変えるよう指示したうえで言った。

「せっかくそれだけ速い足を持っているんだから、ミートすることだけを考えたほうがいいんじゃないか。セーフティバントでもいい、三遊間にゴロを転がして内野安打にしてもいい。お前の価値は出塁することにあるんだぞ」

私のアドバイスを聞き入れた赤星は5月に入るとレギュラーに定着し、その年の新人王と盗塁王のタイトルまで獲得した。通算381盗塁。3割も5度打った。

ここで断っておきたいのだが、バットを変えるには勇気がいる。結果が出ることもあれば、出ない可能性もある。バッティングを崩すことさえある。

それでも私は今一度、自分の個性と道具との関係を考えてほしいと思う。道具も自己変革の契機となる。

NOMURA'S METHOD

もっと女を口説け。

No.098

ある研究機関の調査によれば、今の日本では18歳から34歳の独身者のうち、男性7割、女性6割に交際相手がいないのだという。さらに性交渉の経験がない独身者の割合も男性、女性とも4割を超える……。そんな新聞記事を読み、唖然とした。少子化も当然だろう。

私も田舎者ゆえ総じて奥手だった。女性経験も早いほうではなかったが、経験することで度胸がついたというか、落ち着いたような気がする。先輩の目にもそう映ったらしい。

実は、阪神監督の時代、20歳を過ぎても童貞のピッチャーがいた。性格的にも非常に真面目で、練習も人一倍する。能力的にもエースになれる可能性を秘めている。ただ、コンピュータゲームが好きで、遠征先でもひとり部屋にこもってゲームに熱中しているようなタイプだった。

そこで私は、彼に「少しは人生変わるぞ」と言って、シーズンオフの間に〝筆おろし〟することを勧めたのである。翌年2月のキャンプイン初日に、彼を呼んで聞いてみた。

「どうだ、経験してきたか」

「はい」

このシーズン、彼は一軍に定着した。もちろん、女性経験だけがその要因とは思わないが、転機のきっかけくらいにはなったような気がする。

私は選手に「もっと女性を口説け」と、半分冗談、半分本気で言うことがある。というのも、女性を口説くことは野球にも通じるからだ。

女性を口説き落とすにはただやみくもに迫ればいいわけではない。相手の女性がどんな性格で、どんな趣味・嗜好の持ち主なのかを含め、さまざまな情報を集めたうえで、こちらに振り向かせるための最善のプランを考える必要がある。

さらに、実際に相手を前にしたときには、その反応や態度から的確に心理を読まなければならない。面倒だが、私はやりがいがあると思う。

これはピッチャーがバッターに対して、あるいはバッターがピッチャーに対して攻略法を考えるのと似ている。野球も恋愛も向上心や探求心、創意工夫が問われるのは同じであり、おそらくビジネスも「クライアントを口説く」「上司を口説く」という点では同様ではないか。

私の実感としては、女性を口説いた経験が多いほうが、相手バッター、相手ピッチャーの攻略も巧みになる、つまり一流プレーヤーになる傾向にあるようだ。テレビ、週刊誌を賑わすスキャンダルはご法度だが、プロ野球選手には口説き上手であってほしい。

NOMURA'S METHOD

No.099

奥さんの力は侮れない。

古い話で恐縮だが、プロ野球選手には宝塚出身の奥さんがいいと言われた時代があった。今思い出すだけでも、鶴岡一人さん、川上哲治さん、山内一弘さん、牧野茂さんと、何人も名前を挙げられる。宝塚は規律や行儀作法がやかましく、入った女性たちは厳しく鍛えられるという評判があり、当時の大物選手たちの第一の花嫁候補となったようだ。

少し前はキャビンアテンダント、今なら女子アナウンサーだろうか。

職業は別にして、今も昔も変わらないのは、プロ野球選手には姉さん女房が多いことだろう。かくいう私がそうだ。落合博満や江川卓もそう。イチロー、松坂大輔、田中将大らメジャーに行った連中にもなぜか姉さん女房が多い。

私なりに分析すると、若い頃から野球だけで育ってきた選手にとっては年上である分、それだけ世間を知っている、知識や教養が豊富であると思えるからではないか。遠征が多いので、何かと家のことを安心して任せられるという面もあるかもしれない。

とはいえ、年上、年下に限らず、プロ野球選手の奥さんはたいへんである。とりわけシーズン中のナイター試合がある日だ。

朝は子供を学校へ出すために早く起き、家の用事をすませたあと、昼前に起きてくる夫の食事の支度をする。午後、夫が球場に出かけたかと思うと、子供たちが帰ってくるから、その世話をしながら、買い物などをすませなければならない。

夜は、試合が終わって帰宅した夫のために食事をつくるわけだが、栄養面もちゃんと考えなくてはいけない。そして、夜の食事が終わるのはたいてい12時過ぎになる。

こうしたナイターによる夜型の生活パターンは奥さんたちの睡眠時間をごっそり削ることになる。そのなかで夫のコンディション管理を果たさなければならないのだ。

最近は球団が奥さんの苦労に報いるために、パーティなどもやっているようだが、もちろん、私は賛成だ。選手の健康管理は奥さんが負っている部分が大なのだから、球団としてもそのサポート、バックアップの体制は充実させてほしい。

昔から一流選手ほど自分のコンディショニングに対する自覚と責任感が強い。逆に、一流の壁を越えられない選手はコンディショニングが下手である場合が多い。となれば、妻帯者の選手は、奥さんを大事にすることだ。

プロ野球に限らず、仕事をするうえで奥さんの力は侮れない。

NOMURA'S METHOD

変わることは進歩である。

No.100

私が監督時代に選手たちに求めたことをひと言で表現すれば、「変わること」だった。

一生懸命練習し、必死になって努力しても結果が出ないことは誰でもある。そのようなときに、現状を打破しようと思ったら、「変わること」以外にはあり得ない。

この場合の「変化」は練習方法から、フォームの矯正、バットの変更など目に見えることから、考え方や意識を変えるなど、目に見えないことまでさまざまだ。

しかし、「変わること」には勇気が必要であり、変化を望まない選手も多い。現状維持のほうがラクだし、リスクを冒してまで変化したくないと考えるのは人間の本能かもしれない。

とことんダメだったり、落ちるところまで落ちたりした選手であれば、思い切って「変わること」を決断できるのだが、なまじそこそこ結果が出ている選手ほど、変化の必要性を認めない。「変えたら、かえって悪くなるのではないか」と考える選手もいる。

私は「変わること」の心構えとして次のようなことを説いた。

・変わることは進歩の証しであると心得よ
・変わることの楽しみを見いだせ
・変わることは失うのではなく、得ることである

もう一つ付け加えると、変わることに年齢の壁はない。その気になれば、人間いくつになっても自分を変えられる。

楽天監督時代に私が山﨑武司に出会ったのは彼が37歳のときだった。中日時代にホームラン王にもなっているが、往年の瞬発力はない。それでも天性に頼ったバッティングをしていたので、私は「もっと頭を使ったらどうか」と言った。これを素直に受け入れた彼はデータを活用して配球を読むようになり、ベンチでも私のそばに座り、私のボヤキに耳を傾けた。

私は「勝負心を入れたらどうか」というアドバイスもした。

「変化球だと読んだところに、ドンと真っすぐがきたら〝失礼しました〟と帰ってくればいい。そのあとで、なぜ真っすぐがきたかを考え、次の打席に活かせ。そのうち相手バッテリーの考えが手に取るようにわかるようになるから」

こうして山﨑は蘇ったのである。２００７年には38歳で自己最高の43本塁打、１０８打点をマークして二冠にも輝いた。「変わることが進歩である」ことを、そして、人間はいくつになっても変われることを見事に実証してくれた。

おわりに

ファンに「野村さんは巨人の監督をやってみたいとは思いませんでしたか」と聞かれることがある。そんなことを考えたことは一度もない。そもそも自分が巨人のユニフォームを着た姿が想像できない。いや、巨人に限らず、80〜90年代の強かった西武、今ならソフトバンクなど、私には戦力が充実した常勝軍団は似合わないと思う。

私を監督に起用した側も「野村なら金をかけなくても勝ってくれるだろう」と思っていただろうし、私もそれを誇りにしてきた。少々戦力的に劣っていても勝つ自信があった。

同じキャッチャー同士、良き理解者でもあった森祇晶と自分を比較してこんなことを言ったこともある。

「森の野球は大企業の部長のような野球。十分な人材が揃い、基礎がしっかりできているので、危険を冒す必要がない。ミスなく安全第一の野球を考える。一方、私は中小企業の親父さんの野球だ。その日の手形をいかに落とすかに四苦八苦し、考えて、考えてアイデアを出す、その日暮らしの野球。危険を冒しても攻めなければならない」

どちらが優れているかを言いたいのではない。タイプがまるで違うということだ。おそらく私が往年の巨人や西武の監督になってもうまくいかなかっただろう。

そういえば『下町ロケット』というテレビドラマがあった。あのドラマの町工場の社長はよかった。自ら陣頭指揮に立ち、自社の技術力を信じ、資金力はなくても、リスク覚悟で全社員をまとめ、大企業に立ち向かっていく。何より彼には人の心をつかむ言葉があった。

現在、楽天のバッティングコーチをしている池山隆寛が私にこう言ってくれたことがある。

「ヤクルト時代の監督の言葉を記したノートは今も大事にしています。当時は何の役に立つか、まったくわからなかったけど、今、指導者になって大いに役立っています」

私が阪神を去った数年後、桧山進次郎が新聞にこんなコメントを残した。

「野村さんが阪神の監督だったときは、言っていることがよく理解できませんでした。でも今になって、あっ、野村さんはこのことを言いたかったのだとわかってきました」

私はベンチでも、ミーティングでも、練習でも、つねに言葉を尽くしてきた。言葉で伝えることが私の使命だとさえ思ってきた。少々時間がかかろうと、その言葉が理解されたのなら、これほど嬉しいことはない。

人は後世に何を遺すべきだろうか。野球人の多くは記録や記憶だと答えるかもしれない。しかし、私が一番遺したいのは言葉である。

■ 著者紹介

野村克也（のむら・かつや）

京都府立峰山高校を卒業し、1954年にテスト生として南海ホークスに入団。3年目の1956年からレギュラーに定着すると、現役27年間にわたり球界を代表する捕手として活躍。歴代2位の通算657本塁打、戦後初の三冠王などその強打で数々の記録を打ち立て、不動の正捕手として南海の黄金時代を支えた。また、70年の南海でのプレイングマネージャー就任以降、延べ4球団で監督を歴任。他球団で挫折した選手を見事に立ち直らせ、チームの中心選手に育て上げる手腕は、「野村再生工場」と呼ばれ、ヤクルトでは「ID野球」で黄金期を築き、楽天では球団初のクライマックスシリーズ出場を果たすなど輝かしい功績を残した。現在は野球解説者としても活躍。

協力：株式会社 KDN スポーツジャパン
構成：米谷紳之介
カバー写真：岡戸雅樹

最強の組織をつくる
野村メソッド

平成29年1月27日　第1刷

著　者　　野村克也

発行人　　山田有司

発行所　　株式会社　彩図社
東京都豊島区南大塚3-24-4
MTビル　〒170-0005
TEL：03-5985-8213　FAX：03-5985-8224

印刷所　　シナノ印刷株式会社

URL http://www.saiz.co.jp　Twitter https://twitter.com/saiz_sha

ISBN978-4-8013-0198-6 C0034